Karl Schwanzer

# Spuren

# Traces

Karl Schwanzer

# Spuren
# Eine Bestandsaufnahme

Mit Fotografien von Stefan Oláh

Herausgegeben von
Ulrike Matzer und Stefan Oláh

Mit Beiträgen von
Sebastian Hackenschmidt
Otto Kapfinger
Laura Karasinski
Therese Leick
Michaela Lindinger
Ulrike Matzer
Sophie Menasse

# Traces
# A Pictorial Inventory

With Photographs by Stefan Oláh

Edited by
Ulrike Matzer and Stefan Oláh

With Contributions by
Sebastian Hackenschmidt
Otto Kapfinger
Laura Karasinski
Therese Leick
Michaela Lindinger
Ulrike Matzer
Sophie Menasse

Birkhäuser
Basel

# Inhalt


*Vorwort* 5
Ulrike Matzer, Stefan Oláh

*Spurensuche.*
*Stefan Oláhs bildliche Bestandsaufnahme*
*der Bauten von Karl Schwanzer* 7
Ulrike Matzer

*Fotografien* 19–100
Stefan Oláh

*Die Möbel aus Karl Schwanzers*
*Pavillon der Weltausstellung in Brüssel 1958.*
*Eine Spurensicherung im*
*Museum für angewandte Kunst in Wien* 101
Sebastian Hackenschmidt

*Spuren in die Zukunft.*
*Fragen an drei Generationen* 111
Moderation: Sophie Menasse
1. Karl Schwanzer
2. Otto Kapfinger / Michaela Lindinger
3. Laura Karasinski / Therese Leick

Biografien 125

Bildnachweis 127
Dank

Impressum 128


# Contents


*Foreword* 5
Ulrike Matzer, Stefan Oláh

*Looking for the Traces.*
*Stefan Oláh's Pictorial Inventory*
*of the Buildings of Karl Schwanzer* 7
Ulrike Matzer

*Photographs* 19–100
Stefan Oláh

*The Furniture from Karl Schwanzer's*
*Pavilion at the 1958 Brussels World's Fair.*
*Searching for Traces at the*
*Museum of Applied Arts in Vienna* 101
Sebastian Hackenschmidt

*Traces into the Future.*
*Questions for Three Generations* 111
Moderation: Sophie Menasse
1. Karl Schwanzer
2. Otto Kapfinger / Michaela Lindinger
3. Laura Karasinski / Therese Leick

Biographies 125

Picture Credits 127
Acknowledgements

Imprint 128

# Vorwort

Ulrike Matzer, Stefan Oláh

Als international anerkannter Architekt setzte Karl Schwanzer in knapp dreißig Jahren an die 300 Projekte um: Einrichtungen für Geschäftslokale, Ausstellungs- und Messepavillons, Wohnhäuser, öffentliche Bauten, Kirchen, Industrieanlagen und Firmenzentralen – kaum einer Bauaufgabe hat er sich nicht gewidmet. Zunächst geprägt vom Wiener Kunstgewerbe und seinem Mentor Oswald Haerdtl fasste er Architektur als Gesamtkunstwerk auf, für das er auch Möbel und Elemente der Ausstattung entwarf. Die Auseinandersetzung mit der Form geschah stets im Hinblick auf die Funktion eines Baus. Sein schier unerschöpflicher Schaffensdrang zeitigte innovative Konstruktionen, in denen sich handwerkliche Präzisionsarbeit mit neuesten Fertigungsmethoden verband.

Doch nicht nur als Baukünstler hinterließ Karl Schwanzer Spuren. Über Jahrzehnte hinaus wirkte er als wichtiger Impulsgeber für die zeitgenössische österreichische Architektur. Als Hochschullehrer und Vorstand des Instituts für Gebäudelehre und Entwerfen förderte er interdisziplinäres Denken und regte eine junge Generation zu visionären Experimenten an; international bekannte Kollektive wie Haus-Rucker-Co, Coop Himmelb(l)au, Zünd-Up oder Missing Link gingen aus dieser kreativen Laboratmosphäre hervor.

Der aus Anlass von Karl Schwanzers 100. Geburtstag im Jahr 2018 entstandene Band lädt dazu ein, sich auf seine Spuren zu begeben. Die Fotografien führen vor Augen, welche seiner Architekturen bis heute bestehen (auch im qualitativen Sinn), sie zeigen aber auch, welche Spuren die Nutzung der Objekte über die Jahre hinterließ. Teils änderte sich die originale Substanz maßgeblich durch Zubauten, Umgestaltungen oder Teilabrisse. Neun seiner markantesten Gebäude stehen mittlerweile unter Denkmalschutz, wiewohl er selbst eine ambivalente Einstellung zur Bewahrung historischer Bauwerke hatte. Viel eher suchte er Vektoren in die Zukunft zu legen – als sensibler Seismograf verfügte er über die Gabe, kommende

# Foreword

Ulrike Matzer, Stefan Oláh

As an internationally acclaimed architect Karl Schwanzer realised around 300 projects in just thirty years: shop interiors, pavilions for exhibitions and fairs, residential and public buildings, churches, industrial facilities and company headquarters: There is hardly a building type to which he didn't apply himself. Initially influenced by the Vienna arts and crafts tradition and his mentor Oswald Haerdtl he regarded a building as a total work of art for which he also designed furniture and elements of furnishing. His investigation of form was constantly accompanied by a consideration of function. And his simply insatiable creative urge led to innovative structures that combined highly precise craftsmanship with the latest production methods.

But it wasn't only as an architect that Karl Schwanzer left traces. He has been an important source of inspiration for contemporary Austrian architecture for decades. As a university teacher and Chair of the Institute for Building Theory and Design he promoted interdisciplinary thinking and encouraged a young generation to carry out visionary experiments; internationally renowned collectives such as Haus-Rucker-Co, Coop Himmelb(l)au, Zünd-Up and Missing Link all emerged from this creative laboratory environment.

Published in 2018 to mark the centenary of Karl Schwanzer's birth, this book invites its readers to follow his traces. The photographs demonstrate the extent to which his architecture has survived to this day (including in the qualitative sense) while also revealing the traces that have been left over the years by the use of these objects. Some of the original built substance has been substantially altered by extension, remodelling or partial demolition. Nine of his most significant buildings are now listed, although Schwanzer himself had an ambivalent attitude to the preservation of historical buildings. He was much more interested in setting course for the future – as a sensitive seismograph he had the ability not only to detect the trends of tomorrow but also to give these a physical form.

Tendenzen aufzuspüren und sie Gestalt werden zu lassen. Karl Schwanzer war in vielem seiner Zeit voraus und brachte wesentliche Entwicklungen in Gang. Die visuellen ‚Spuren' der Fotoaufnahmen verweisen so gesehen nicht nur auf seine materielle Hinterlassenschaft. Zugleich vermitteln sie sein ideelles Erbe, das weiterhin wirksam ist. In ihrer Farbigkeit und im Fokus auf Akzente der Gestaltung machen die Bildmotive besonders das Sinnliche von Schwanzers Zugang erfahrbar.

Karl Schwanzer was ahead of his time in many respects and triggered a number of significant developments. In this sense, the visual 'traces' of the photographs do more than draw our attention to his material legacy. They also convey to us the ideas that he left behind, ideas that remain valid to this day. And with their use of colour and their focus on design details these images offer us a particularly close impression of the sensuality of Schwanzer's approach.

# Spurensuche

## Stefan Oláhs bildliche Bestandsaufnahme der Bauten von Karl Schwanzer

Ulrike Matzer

Seit es technisch möglich war, wurden Bauten fotografisch dokumentiert. Das Interesse an der Bewahrung der Substanz stand dabei am Anfang – war die Zeit der Erfindung der Fotografie auch jene der beginnenden Denkmalpflege. Aufgrund der Exaktheit der Wiedergabe schienen Lichtbilder ideal für deren Zwecke. Das Inventar erhaltenswerter Monumente, das die Fotografen der Mission héliographique in den 1850er-Jahren erstellten, wurde zur Vorgabe dafür, wie Gebäude aufzunehmen wären. Architekturfotografien dienten in Folge auch als Studiengrundlage für Bauingenieure und Künstler, das junge Fach der Kunstgeschichte etablierte auf der Basis fotografischer Motive die Methode des vergleichenden Sehens. Neben dem Festhalten des Alten wurde es zunehmend üblich, jedes neue Konstruktionsvorhaben von Bedeutung abzulichten. Die Verantwortlichen waren sich bewusst, welche Vorteile das Medium für ihre Arbeit brachte.[1] Den Financiers bedeutender Vorhaben wurden Fotoserien in Form luxuriöser Alben gereicht, daneben dienten die Abzüge zur Akquise von Aufträgen. Spätestens um 1900 bildeten Fotodokumentationen einen integralen Bestandteil der ‚Ökonomie' von Architekten und Bauunternehmen, die die Motive zur Werbung und zur Imagepflege einsetzten. Fortschritte im Bereich der fotomechanischen Reproduktion ermöglichten um die Jahrhundertwende das Rastern und maschinelle Drucken fotografischer Bilder, die fortan in hohen Auflagen zirkulierten. Seit dieser explosionsartigen Ausweitung erschienen Architekturfotografien vermehrt als Illustrationen in Baufachzeitschriften, Büchern und Magazinen. Mit der sich zeitgleich dazu formierenden kunstfotografischen Bewegung erfuhr die Fotografie auch eine Aufwertung zum eigenständigen Bild, neue Strömungen in der Zwischenkriegszeit wie die Neue Sachlichkeit oder das Neue Sehen zeitigten Architekturaufnahmen unter einem dezidiert künstlerischen Blick. In diesen Motiven – meist forcierte Schräg- oder Untersichten – hinterließen die Fotografierenden besonders deutlich ihre

# Looking for the Traces

## Stefan Oláh's Pictorial Inventory of the Buildings of Karl Schwanzer

Ulrike Matzer

Buildings have been documented photographically ever since this became technically possible. Interest was initially focussed on the preservation of the building fabric – the invention of photography coincided with the emergence of conservation. The precision of the reproduction process meant that photographs were ideal for such purposes. The inventory of monuments worthy of preservation compiled by the photographers of the *Mission héliographique* in the 1850s became the model for the recording of buildings. Architectural photographs went on to support construction engineers and artists in their studies while the new field of art history used photographic motifs in establishing the technique of comparative visual analysis. In addition to recording the old it became increasingly common to photograph every significant new structure. Those responsible for this were well aware of the advantages of the medium for their work.[1] Photographic series in opulent albums were presented to the financiers of important projects while prints were employed in the acquisition of contracts. By 1900 photographic documentation had become integral to the 'economy' of architects and builders, who used the motifs for the purposes of advertising and cultivating the right image. Around the turn of the century advances in photomechanical reproduction made it possible to create halftones and to mechanically print photographic images which then circulated widely due to large print runs. This rapid progress led to the increased use of architectural photographs in construction journals, books and magazines. The simultaneous emergence of photography as an art form also lent the photograph a new status as an autonomous image, new tendencies between the wars such as *Neue Sachlichkeit* or *Neues Sehen* resulted in architectural photographs with a decidedly artistic perspective. In these motifs – which were largely taken from unnaturally oblique or low angles – the photographers left a particularly clear signature. When combined with the buildings

Signatur. Im Verein mit den Bauten des Internationalen Stils veränderten sich bisherige Sehgewohnheiten grundlegend. Durch ihre individuelle Interpretation haben manche Fotografen das Bild berühmter Architekten mitgeprägt – die kongeniale Zusammenarbeit von Lucien Hervé mit Le Corbusier in den frühen 1950er-Jahren sei als bekanntes Beispiel erwähnt.

### Fotografische Transformationen

Die Dokumentation bestehender Substanz und die Vermittlung des Neuen sind Funktionen, die die Architekturfotografie bis heute erfüllt. Im Idealfall zeichnen sich die Motive zugleich durch ihren ästhetischen Eigensinn aus.[2)] Allen Architekturaufnahmen ist jedoch eines gemein: Sie reduzieren ihr räumliches Vorbild auf eine flächenhafte Erscheinung. Gleichwohl gibt diese Reduktion vor, ein dreidimensionales Objekt zu vermitteln. Fotografie ist dadurch stets Dokument und Abstraktion in einem. Trotz ihrer indexikalischen Beziehung zum Repräsentierten verfügt sie über eine eigenständige visuelle und materielle Präsenz, sei es als Abzug auf Fotopapier, sei es als gedrucktes fotografisches Bild. Eine Aufnahme stellt immer das Ergebnis bewusster Entscheidungen dar – hinsichtlich des Standpunkts, der Perspektive, des Ausschnitts und Apparats, der Beleuchtung und der Belichtungszeit, des Filmmaterials und dessen Entwicklung. Auch wenn Architekturfotografie vor allem bedeutet, ein Gebäude optimal wiederzugeben, wird die körperlich-visuelle Raumerfahrung zwangsläufig auf eine distanzierte Gesamtansicht oder auf einen abstrakt wirkenden Bildausschnitt reduziert. Die Vermittlung von Bauten folgt der Logik der Kamera, die die Architektur in der begrenzten Fläche des Bildes kompositorisch organisiert. Das fotografische Bild zeigt zwar die Spuren der Objekte im Raum, verkörpert aber im selben Maß die ‚Spuren' der Intention hinter der Kamera.[3)] Im Idealfall geht von einer Fotografie etwas Zeitloses aus, das sich auch auf die Architektur überträgt.

### Karl Schwanzers Gebrauch des Mediums Fotografie

Auch der österreichische Architekt Karl Schwanzer (1918–1975) setzte Fotografien früh für seine Zwecke ein. Nicht nur, dass er auf seinen Studienreisen selbst viel fotografierte – seine kürzlich via Instagram zugänglich gemachte private Sammlung hält zahlreiche seiner Schnappschüsse bereit.[4)] Von Anfang an ließ er seine Bauvorhaben – so klein sie auch waren – von professioneller Hand dokumentieren. Für einen jungen, sich in der unmittelbaren Nachkriegszeit etablierenden Architekten war dies höchst ungewöhnlich. Doch sind uns dadurch beinahe alle seiner bedeutenden Werke in fotografischer Form überliefert, insgesamt befinden sich in seinem Nachlass an die 12.000 Abzüge. Die konzeptionelle Vielfalt der Bauten, die in den knapp

A) Oswald Haerdtl, Österreichischer Pavillon, Expo Paris 1937, mit großer Fotomontage von Robert Haas und Günther Baszel, Foto: Julius Scherb(?), Wien

Oswald Haerdtl, Austrian Pavilion, Expo Paris 1937, with large photomontage by Robert Haas and Günther Baszel, Photo: Julius Scherb(?), Vienna

B) Karl Schwanzer, Umbau des Metropol Kino, Wien 1948, Foto: Lucca Chmel, Wien

Karl Schwanzer, remodelling of the Metropol Kino, Vienna 1948, Photo: Lucca Chmel, Vienna

C) Karl Schwanzer, Einrichtung der Wäschemodenboutique ‚Rositta', Wien 1951, Foto: Photo Meyer, Wien

Karl Schwanzer, refitting of the lingerie boutique 'Rositta', Vienna 1951, Photo: Photo Meyer, Vienna

A)

of the international style this led to a fundamental transformation in the way in which such buildings were perceived. The individual interpretations of certain photographers helped to shape the images of famous architects – a prominent example is the congenial cooperation between Lucien Hervé and Le Corbusier in the early 1950s.

### Photographic Transformations

The functions of documenting the existing fabric and disseminating the new are still fulfilled by architectural photography today. Ideally, the motifs will also be notable for their aesthetic autonomy.[2)] However, all architectural photographs have one thing in common: They reduce their spatial archetype to a flat image, even though this reduction purports to convey a three-dimensional object. Photography is thus, at all times, both documentation and abstraction. Despite its indexical relationship with representation it has an autonomous visual and material presence, whether as a proof on photographic paper or as a printed photographic image. A photograph is always the result of a series of conscious decisions – about the viewpoint, the perspective, the detail and the camera, the lighting and the exposure time, the film material and its development. Even if architectural photography essentially involves the optimal reproduction of a building, the physical-visual spatial experience is inevitably reduced to a distanced overall view or an apparently abstract detail. The dissemination of buildings obeys the logic of the camera, which compositionally organises the architecture within the limited space of the image. The photographic image may well reveal the traces of the objects in space but it equally bears the 'traces' of the intention behind the camera.[3)] Ideally, a photograph will have a timeless quality that is also transferred to the architecture.

### Karl Schwanzer's Use of the Medium of Photography

The Austrian architect Karl Schwanzer (1918–1975) also used photographs for his own purposes from an early date. Not only in that he took lots of photographs himself on his study trips – his private collection, which recently became accessible on Instagram, contains many of his snaps.[4)] From the very beginning he ensured that his projects – as small as they sometimes were – were documented professionally. For a young architect establishing himself in the immediate post-war period this was highly unusual. The result, however, is that almost all his significant works have been handed down to us in photographic form and his estate contains around 12,000 prints. These allow us to trace with relative ease the conceptual diversity of the buildings that he completed during almost three decades of independent work. This diversity stretches from his interest

dreißig Jahren seines eigenständigen Schaffens entstanden, lässt sich auf die Art gut nachvollziehen. Sie reicht von der Auseinandersetzung mit den Prinzipien der klassischen Moderne über die Entwicklung neuer Bautechnologien und Bauprozesse bis zu seinen großen Würfen als ‚Superbildhauer'. Waren es anfangs gerüstartige Systeme sowie modulare Cluster, die Karl Schwanzers Entwürfe charakterisierten, so wurden seine Architekturen in den 1960er-Jahren zunehmend körperhaft, ja plastisch. Seine wienerische Lust am Inszenieren und sein Sinn für Synästhesie regten ihn sichtlich zu visionärer Gestaltfindung an. Elementare Formen gaben ihm stets den Anstoß dazu – ob filigrane Gerüste aus Leichtbauelementen das Ergebnis waren oder massive Fertigteilkonstruktionen aus Eisenbeton. Für jede neue Aufgabe suchte er nach einer spezifischen inhaltlichen Assoziation und nach der jeweils adäquaten Semantik, seine besten Bauten wirken dadurch wie Metazeichen, wie plastische Ikonen.[5)]

Doch nicht nur die Lust am Experimentieren, die nötige Courage und die ausgeprägte Interdisziplinarität zeichneten Karl Schwanzer aus. Auch die Liebe zum Handwerk war bei ihm seit je ausgeprägt, und damit einhergehend ein Bewusstsein für edle Materialien, Formschönheit, Präzision und Wirtschaftlichkeit bei insgesamt höchster Qualität. Ein besonderes Anliegen war ihm die Auseinandersetzung mit Fragen der Gestalt und der ‚Guten Form'.[6)] In Nachfolge von Otto Wagner, Adolf Loos und Josef Hoffmann entwarf er aus der Perspektive des Architekten auch die Möbel für die Häuser, die er plante. Viele seiner Bauten weisen spezielle Stiegenkonstruktionen, selbst designte Geländer, Handläufe und Türgriffe auf. Diese Affinität zum Handwerk und der starke kreative Impuls wurde in Schwanzers Umfeld schon in frühen Jahren gefördert, ungeachtet der schwierigen Situation während der Zwischenkriegszeit.[7)] Wichtige Anregung bot ihm die Wiener Werkbundausstellung von 1930, die formal gute Lösungen für Dinge des täglichen Gebrauchs präsentierte. Die 1932 als Musterbeispiel für das ‚Neue Wohnen' vorgeführte Wiener Werkbundsiedlung machte ihn mit Namen wie Josef Hoffmann, Adolf Loos und Richard Neutra vertraut. Trotz schlechter Berufsaussichten studierte Karl Schwanzer während des Kriegs an der Technischen Hochschule Architektur, wodurch er – jenseits der Konfrontation mit faschistischem Bauen – zumindest das nötige Knowhow erwarb. Seine eigentliche Ausbildung begann erst danach, als er als Mitarbeiter von Oswald Haerdtl (1899–1959) und als dessen Assistent an der Akademie für angewandte Kunst eine Vorstellung davon bekam, was es weltweit an moderner Architektur gab. Diese Jahre waren entscheidend für Schwanzers Karriere, bereits 1946 ließ Haerdtl ihn in Paris die erste österreichische Messebeteiligung nach den Kriegsjahren organisieren. Seine beruflichen Anfänge waren dadurch eng mit der Entwicklung des österreichischen Messe- und Ausstellungswesens verquickt.[8)] Der Ausstellungsbau schärfte schon früh seinen Sinn für wirksame Displays und für fotografische Bilder. Auch

B)

C)

in the principles of classical modernism via the development of new building technologies and processes to his great success as a 'mega sculptor'. While Karl Schwanzer's early designs were characterised by scaffolding-like systems and modular clusters, his buildings of the 1960s became increasingly physical and, indeed, sculptural. His Viennese love of orchestration and his sense of synaesthesia clearly moved him to search for visionary shapes. Elementary forms provided a constant trigger – leading to results ranging from filigree frameworks formed from lightweight modules to solid prefabricated structures of reinforced concrete. He sought a specific contentual association and suitable semantics for each new project with the result that his best buildings feel like metasymbols or sculptural icons.[5)]

But Karl Schwanzer was characterised by more than his passion for experimentation, his (necessary) courage and his remarkable interdisciplinarity. He also had a profound love of handcraft and, hence, an appreciation of precious materials, formal beauty, precision and the need to combine cost-effectiveness with results of the highest quality. A particular concern of his was the examination of questions of design and 'good form'.[6)] Like Otto Wagner, Adolf Loos and Josef Hoffmann before him he also designed the furniture for the buildings he planned from the perspective of the architect. Many of his structures contain special stair constructions, self-designed balustrades, handrails and door handles. This affinity with handcraft and strong creative impulse were encouraged in Schwanzer's milieu at an early age, despite the difficulties of the interwar period.[7)] He was emboldened by the exhibition of the Wiener Werkbund in 1930, which formally presented good solutions for objects of daily use. The housing exhibition by the Wiener Werkbund, which was unveiled in 1932 as an example of 'new living', made him familiar with names such as Josef Hoffmann, Adolf Loos and Richard Neutra. Despite the poor career prospects Schwanzer studied architecture at the College of Technology during the war where – despite his confrontation with fascist building – he at least acquired the necessary know-how. His real training started later when he was introduced to modern architecture from around the world as an employee of Oswald Haerdtl (1899–1959), for whom he also worked as an assistant at the Academy of Applied Arts. These years were decisive for Schwanzer's career, with Haerdtl allowing him to organise Austria's first contribution to a post-war trade fair as early as 1946. As a result of this, his early career was closely bound up with the Austrian trade fair and exhibition scene.[8)] The building of exhibitions sharpened, at an early stage of his career, his sense for effective displays and for photographic images. And the urge to comprehensively document his work in photographs could well be traced back to these temporary buildings.

Oswald Haerdtl was the first and, more-or-less, the only Vienna architect to resume his contacts with the progressive international scene as soon as the war was over. His work is

der Impuls, seine Vorhaben umfassend fotografisch zu dokumentieren, mag von diesen Bauten auf Zeit herrühren.

Oswald Haerdtl war damals der erste und beinahe einzige Wiener Architekt, der sofort nach dem Krieg seine Kontakte zur progressiven internationalen Szene wieder aufnahm. Sein Schaffen zeichnet sich durch eine für Österreich rare Kontinuität moderner Ansätze von der Zwischenkriegszeit bis zum Ende der 1950er-Jahre aus. Als Absolvent der Kunstgewerbeschule war er vielseitig begabt, die ‚Formschöpfung' stand für ihn stets im Vordergrund. Bereits in den 1920er-Jahren galt er als einer der profiliertesten Vertreter jener, die sich in einem gesamtkünstlerischen Sinn neben den großen Bauaufgaben auch dem Entwurf von Einrichtungs- und Gebrauchsgegenständen widmeten. Nicht von ungefähr nahm Josef Hoffmann ihn zum Kompagnon und vertraute ihm später sogar die Büroleitung an. Vor allem Haerdtls Pavillonkonstruktionen der 1930er-Jahre wirken mitunter geradezu ‚avantgardistisch'.[A] Nach dem Krieg setzte er mit Messebauten, Cafés und Geschäftslokalen diese betonte Internationalität fort, wenngleich seine Formensprache in Reaktion auf die sozioökonomische Situation nüchterner geworden war.[9]

Noch während seiner Zeit als Mitarbeiter Haerdtls gründete Schwanzer 1948 sein eigenes Atelier. Die Projekte dieser ersten Jahre – Ausstellungsgestaltungen und Geschäftseinrichtungen – verdanken sich teils Haerdtls Empfehlung und sind sichtlich von dessen Zugang geprägt. Sie zeugen von Ideenreichtum und wurden mit großem Aufwand durchgeführt. Zu den wichtigsten frühen Vorhaben zählen unter anderen der Umbau des Metropol Kino in Wien (1948)[B] sowie die Innenraumgestaltung des Geschäfts ‚Elegance' (1949) und die Neueinrichtung der Wäschemodenboutique ‚Rositta' (1951).[C] Die aufsehenerregende Inszenierung der Wiener Gewerbeausstellung 1951[D] trug ihm in Österreich Anerkennung von höchster Stelle ein: Handwerker demonstrierten vor Ort ihr Gewerbe, wodurch die Schau nicht nur lebendig, sondern nach dem Krieg auch ermutigend war. Auf diese richtunggebende Arbeit folgten seine Österreich-Pavillons auf den Messen in Paris (1951–1955) und Mailand (1956). Insgesamt hat Karl Schwanzer an die 150 Messebauten konzipiert; der damalige Stellenwert von Messen als Leistungsschau lässt sich kaum überschätzen. Die Geschäftslokale und temporären Bauten des ersten Jahrzehnts ließ er allesamt professionell dokumentieren. Sein Frühwerk aus den späten 1940er- und den 1950er-Jahren ist uns im Wesentlichen fotografisch überliefert. Jedem einzelnen Abzug ist gewissermaßen die materielle ‚Spur' der einstigen Architekturen eingeschrieben, die Aufnahmen erfüllen somit die Funktion eines Archivs.

Bemerkenswert ist, dass Schwanzer häufig Fotografinnen engagierte. Die anfängliche Zusammenarbeit mit Lucca Chmel (1911–1999) dürfte sich der Empfehlung Haerdtls verdanken, für den sie seit Jahren tätig war. Chmel, zu der Zeit die *Grande Dame* der heimischen Architekturfotografie, doku-

D) Karl Schwanzer, Gestaltung der Wiener Gewerbeausstellung 1951, Foto: Lucca Chmel, Wien

Karl Schwanzer, design of the Vienna Industrial Exhibition 1951, Photo: Lucca Chmel, Vienna

E) Einrichtung des Geschäftslokals für Olivetti Wien, 1951, Foto: Maria Wölfl, Wien

Karl Schwanzer, shop interior for Olivetti Wien, 1951, Photo: Maria Wölfl, Vienna

F) Karl Schwanzer, Österreichischer Pavillon Expo Brüssel 1958, Foto: Maria Wölfl, Wien

Karl Schwanzer, Austrian Pavilion, Expo Brussels 1958, Photo: Maria Wölfl, Vienna

D)

notable for an uninterrupted modern approach that lasted from the interwar years until the late 1950s and is rare for Austria. As a graduate of the Arts and Crafts School his talents were wide-ranging although the 'creation of form' was always his focus. As early as the 1920s he was already regarded as one of the most visible representatives of those who embodied the notion of the total work of art in that they designed not only buildings but also furnishings and everyday objects. It is no coincidence that Josef Hoffmann adopted him as a companion and, later, even put him in charge of his office. Some of Haerdtl's pavilions from the 1930s appear downright 'avant-garde'.[A] After the war he continued this markedly international approach in his buildings for trade fairs, cafés and shops, even if his formal language had become more sober in light of the socio-economic situation.[9]

Schwanzer established his own atelier in 1948 while he was still working for Haerdtl. The projects of these early years – exhibition designs and shop interiors – were sometimes acquired due to a recommendation from Haerdtl and are clearly influenced by his approach. They bear witness to a wealth of ideas and were executed with enormous effort. The most important early works include the remodelling of the Metropol Kino in Vienna (1948)[B], the interior design of the shop 'Elegance' (1949) and the refitting of the lingerie boutique 'Rositta' (1951).[C] The spectacular design of the Vienna Industrial Exhibition in 1951[D] brought him recognition from the highest levels in Austria: Craftsmen demonstrated their trades at the exhibition, ensuring that it delivered not only a vibrant but also an emboldening message to post-war Austria. This groundbreaking work was followed by his Austrian pavilions for the trade fairs in Paris (1951–1955) and Milan (1956). Karl Schwanzer designed a total of around 150 exhibition buildings; the value ascribed at the time to trade fairs as showcases is hard to overestimate. He ensured that all the shops and temporary buildings of that first decade were documented professionally and his early work from the late 1940s and the 1950s is largely recorded in photographs. Tangible 'traces' of those erstwhile buildings can, in a sense, be found in every single print, as a result of which the photographs play the role of an archive.

It is noteworthy that Schwanzer frequently engaged female photographers. His early cooperation with Lucca Chmel (1911–1999) must have resulted from a recommendation from Haerdtl for whom she had worked for many years. Chmel – then the *Grande Dame* of Austrian architectural photography – documented the work of Schwanzer between 1948 and 1951, which was still strongly under the influence of the craft tradition. Her photograph of the auditorium of the Metropol Kino appeared in 1950 as the cover of the first edition of the magazine *Der Bau*. Chmel's ability to introduce a special mood to even matter-of-fact documentation also came to the fore in her work for Schwanzer. A particular feature of her approach was a sophisticated use of light that largely determined the

mentierte zwischen 1948 und 1951 die noch stark kunsthandwerklich geprägten Arbeiten Schwanzers. Ihre Aufnahme des Vorführsaals des Metropol Kino erschien 1950 als Titelbild der ersten Ausgabe der Zeitschrift *Der Bau*. Chmels Gabe, selbst in nüchterne Dokumentationen eine besondere Stimmung zu bringen, kommt auch in den Aufträgen für Schwanzer zum Tragen. Charakteristisch für ihre Arbeitsweise war der ausgeklügelte Einsatz von Licht, der die Ästhetik ihrer Bilder wesentlich bestimmte. Um den gewünschten Effekt zu erhalten, platzierte sie gezielt Scheinwerfer im Raum, die sie während langer Belichtungszeiten oft auch bewegte. Für Schwanzer fertigte sie fast ausschließlich Innenraumaufnahmen an. Mit dessen Beendigung seiner Tätigkeit für Haerdtl im Jahr 1951 endete auch die Zusammenarbeit mit Chmel.[10] Bedeutend länger hielt die Kooperation mit Maria Wölfl (1907–1987), die er in Folge wiederholt engagierte. Wölfl verdanken wir zahlreiche Dokumentationen von Messebauten und Ladenlokalen. Auch prominente Ansichten der Gewerbeausstellung von 1951 stammen von ihr, im selben Jahr hielt sie auch die Geschäftseinrichtung für Olivetti fest, die an ein konstruktivistisches Arrangement erinnert.[E] Am bekanntesten sind sicher Wölfls Aufnahmen des Österreichischen Pavillons der Weltausstellung in Brüssel 1958, mit dem Karl Schwanzer der internationale Durchbruch gelang.[F] Nicht nur der architektonische Entwurf geht auf ihn zurück, sondern auch das Konzept der Ausstattung und des Inhalts der Schau. Vor Ort in Brüssel dokumentierte Wölfl den Pavillon in zahlreichen Ansichten von außen wie innen; diverse Publikationen, die im Zuge der Expo erschienen, sind mit ihren Fotografien illustriert.[11] Mit der Anerkennung durch den Grand Prix d'Architecture auf dieser Weltausstellung avancierte Karl Schwanzer zu einem der international renommiertesten österreichischen Architekten. Nach dem Erfolg in Brüssel wurde er 1959 als Professor für Entwerfen an die Wiener Technische Hochschule berufen, wo er mit seiner Begeisterung für neues Bauen eine junge Architektengeneration prägte. Über internationale Projekte wirkte er weiterhin entscheidend am Erscheinungsbild Österreichs mit; meist war er mit seinen Vorhaben seiner Zeit weit voraus. Den diesbezüglichen Höhepunkt stellte sein Pavillon auf der Weltausstellung in Montréal 1967 dar, der außen an kristalline Strukturen erinnert und dessen Inneres er als Architekt zur Gänze bespielte: Die von ihm konzipierte Multimedia-Show ‚Austro-Vision' erlaubte das Eintauchen in Tausende projizierte fotografische Bilder.[G]

Schwanzers bedeutendste Bauten im Ausland – die BMW Zentrale in München (1973) und die Österreichische Botschaft in Brasília (1974) – markieren zugleich den Zenit seines Schaffens. Einer breiten Öffentlichkeit wurden sie über die eindringlichen Schwarz-Weiß-Aufnahmen Sigrid Neuberts (1927–2018) bekannt.[12] Charakteristisch für ihre Bildsprache sind harte, fast metallisch wirkende Kontraste, die sich meist grellem Sonnenlicht und entsprechenden Schatten verdanken. Dramatisch gezeichnete Wolken und durch Filter verdunkelte

E)

F)

aesthetic of her images. In order to create the desired effect she would carefully position spotlights in a space, often also moving these during longer exposure times. For Schwanzer she almost exclusively photographed interiors. And when he stopped working for Haerdtl in 1951 the cooperation with Chmel also came to an end.[10] Schwanzer's collaboration with Maria Wölfl (1907–1987), whom he regularly employed, lasted much longer. It is Wölfl whom we must thank for numerous documentations of buildings for trade fairs and shops. She was also responsible for prominent views of the Industrial Exhibition in 1951, the year in which she also photographed a shop interior for Olivetti, which recalls a constructivist arrangement.[E] Wölfl's best-known photographs are surely those of the Austrian Pavilion at the Brussels World's Fair of 1958, with which Karl Schwanzer made his international breakthrough.[F] He was responsible for not only the architectural design but also the interior concept and the content of the exhibition. In Brussels, Wölfl documented the pavilions in innumerable views, external and internal; various publications, which appeared in the wake of the Expo, are illustrated with her photographs.[11] The award of the *Grand Prix d'Architecture* at the World's Fair meant that Karl Schwanzer became one of the best-known Austrian architects on the international scene. In 1959, following his success in Brussels, he was appointed Professor of Building Design and Construction at Vienna College of Technology, where he shaped a young generation of architects with his enthusiasm for new ways of building. Through his international projects he continued to have a decisive impact on Austria's image; his ideas usually being way ahead of their time. The highpoint in this respect was his pavilion at Expo 67 in Montréal, whose exterior recalls crystalline structures and whose entire interior was transformed by Schwanzer into part of the exhibition: The multimedia show 'Austro-Vision' that he himself conceived enabled visitors to immerse themselves in thousands of projected photographic images.[G]

Schwanzer's most important buildings outside Austria – the BMW Headquarters in Munich (1973) and the Austrian Embassy in Brasília (1974) – mark the pinnacle of his creative career. They became known to a broader public thanks to the black-and-white photographs of Sigrid Neubert (1927–2018).[12] Her pictorial language is notable for its hard, almost metallic contrasts, which largely result from the interplay of bright sunlight and the corresponding shadows. Dramatic clouds and skies darkened by the use of filters often form part of the composition.[H] For Schwanzer, Neubert was the ideal chronicler of his key projects. As early as 1962 she had photographed his own house in Vienna for the magazine *Schöner Wohnen*. She accompanied the construction of the BMW ensemble for three whole years leading up to its completion in 1973. This innovative, structurally spectacular project simply demanded visual documentation although it was highly unusual at that time to photograph building processes.[13] Neubert's photographs offer

Himmel bilden oft einen Teil der Komposition.[H)] In Neubert fand Schwanzer die ideale Chronistin seiner prominenten Projekte. Bereits 1962 hatte sie sein Privathaus in Wien für die Zeitschrift *Schöner Wohnen* fotografiert. Die Errichtung des BMW-Ensembles begleitete sie über drei Jahre hinweg, bis zur Fertigstellung 1973. Dieses innovative, bautechnisch spektakuläre Vorhaben forderte eine bildliche Dokumentation schlichtweg heraus, obwohl es zu der Zeit höchst ungewöhnlich war, Bauprozesse abzulichten.[13)] Das rasche Wachsen des Verwaltungsbaus ist über Neuberts Fotografien eindrucksvoll nachzuvollziehen: Durch ein innovatives Hubverfahren wurden im Wochentakt die an den auskragenden Armen des Hochhauskerns hängenden Geschosse nach oben gezogen.[I)] In der publizierten Monografie dieses Baus dienen die imposanten Motive dazu, das Image von BMW als Technikkonzern zu konstituieren – im selben Maß zeugen sie aber auch von Karl Schwanzers Hang zur Inszenierung.[14)] Neubert zeigte sich sehr am Austausch mit dem Architekten interessiert. Nachdem ihr Schwanzer mit der ihm eigenen Leidenschaft das Konzept seines jeweiligen Baus dargelegt hatte, ließ er ihr freie Hand und behielt sich lediglich die Auswahl der günstigsten Ansicht sowie die Festlegung des Bildausschnitts vor. Zur Dokumentation der Österreichischen Botschaft in Brasília (1974) schickte er Neubert für zwei Wochen nach Südamerika, was keineswegs selbstverständlich war und von der Wertschätzung ihrer Arbeitsweise zeugt.[15)]

## Stefan Oláh auf den Spuren von Karl Schwanzer

Hatten die genannten Fotografinnen Karl Schwanzers Bauten in dessen Auftrag und zur Zeit ihrer Entstehung dokumentiert, so nähert sich Stefan Oláh den Objekten posthum und aus eigener Initiative an. Jahrzehnte nach ihrer Errichtung hält er die ‚Gegenwart' der Architekturen Schwanzers fest. Was blieb von seinen Werken? Was verschwand? Wie verändert sich die Bausubstanz im Lauf der Jahre? Bei diesen Fragen setzt seine Spurensuche an. Kaum ein Objekt nämlich ist heute noch im originalen Zustand erhalten, Schäden an der Substanz erforderten teils umfassende Sanierungen, mit der Zeit änderte sich oft auch die Nutzung der Bauten. Das Metropol Kino (1948) wurde 1969 geschlossen, an Wiens ersten Autolift am Neuen Markt (1959) erinnert heute nur noch die Grundstruktur der Fassade, neben den vor der einstigen Zufahrt eingelassenen Bodenmarkierungen.[J)] Das Philips-Verwaltungsgebäude am Wienerberg (1964) – als erstes Spannbeton-Hochhaus der Stadt eine Ikone moderner Nachkriegsarchitektur[K)] – dient längst nicht mehr als Firmenzentrale, sondern wurde kürzlich als Luxuswohnhaus mit Full-Service-Apartments revitalisiert.[16)] Doch auch schon seinerzeit hatte der Bürokomplex Zu- und Vorbauten erhalten (teils unter der Leitung Schwanzers), die den ursprünglichen Entwurf modifizierten. Der markante turmartige Bau des Wirtschaftsförderungsinstituts WIFI in St. Pölten (1972) fiel ungeachtet seiner plastischen Qualität im Jahr 1999 als ver-

G) Karl Schwanzer, ‚Austro-Vision', Österreichischer Pavillon Expo Montréal 1967, Foto: Maria Wölfl, Wien

Karl Schwanzer, 'Austro-Vision', Austrian Pavilion, Expo Montréal 1967, Photo: Maria Wölfl, Vienna

H) Karl Schwanzer, BMW-Zentrale München, 1973, Foto: Sigrid Neubert, München

Karl Schwanzer, BMW Headquarters, Munich, 1973, Photo: Sigrid Neubert, Munich

I) Konstruktion des BMW-Verwaltungsgebäudes, München 1972, Foto: Sigrid Neubert, München

Construction of the BMW administration building, Munich, 1972, Photo: Sigrid Neubert, Munich

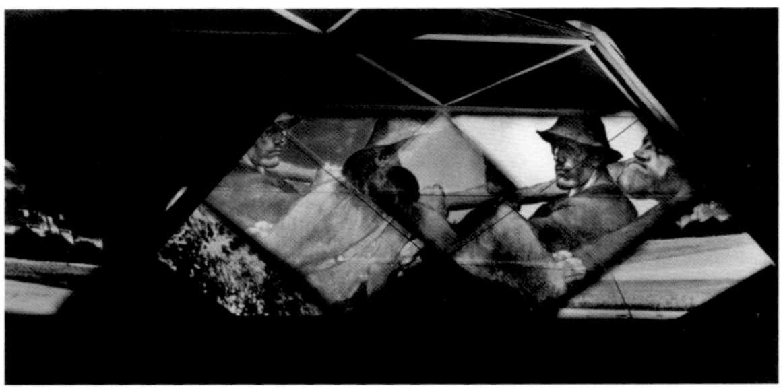

G)

a spectacular impression of the rapid growth of the administration building: An innovative lifting process enabled the floors hanging from the arms cantilevering from the core of the tower to rise upwards at a rate of one per week.[I)] In the monograph published to mark the construction the imposing motifs contribute to the establishment of BMW's image as a technology company – while also testifying to Karl Schwanzer's tendency towards orchestration.[14)] Neubert was extremely interested in working closely with the architect. After Schwanzer had passionately explained to her the concept behind his building he gave her carte blanche, merely retaining the right to choose the best view and determine how it was cropped. In order to document the Austrian Embassy in Brasília (1974) he sent Neubert for two weeks to South America, a far from customary undertaking, which demonstrates his esteem for her way of working.[15)]

## Stefan Oláh's Search for Traces of Karl Schwanzer

Whereas the photographers mentioned above documented Karl Schwanzer's buildings on his behalf and at the time of their realisation, Stefan Oláh approaches the objects posthumously and on his own initiative. He records the 'present' of Schwanzer's architecture, decades after its construction. What is left of his works? What has disappeared? How has their fabric altered over the years? These are the questions with which he starts his search for traces. For hardly any of the objects is still in its original condition, damage to the building fabric has led to sometimes comprehensive refurbishment and the use of the buildings has also often evolved over time. The Metropol Kino was closed in 1969 and the only remnants of Vienna's first car lift on Neuer Markt (1959) are the basic structure of the façade and the markings inscribed in the ground to indicate the erstwhile entrance.[J)] The Philips administration building on the Wienerberg (1964) – the first pre-stressed concrete high-rise block in the city and an icon of post-war modern architecture[K)] – ceased operating as a company headquarters many years ago and was recently revitalised as a luxury residential building with full-service apartments.[16)] But even during Schwanzer's time (and partly under his guidance), porticos and extensions had been added to the office complex, modifying the original design. Regardless of its sculptural qualities, the striking, tower-like building of the Wirtschaftsförderungsinstitut (WIFI) in St. Pölten (1972) was demolished in 1999, condemned as a "brutalist eyesore". This 18-storey fair-faced concrete monolith, which provided a contrast with the horizontal workshop and training building, was thus irredeemably lost.[L)] The retained parts of the ensemble have now been listed and will soon be refurbished.[17)] Even the listed BMW Headquarters in Munich have been subject to a comprehensive refurbishment in order to meet today's norms. Only the photographs of Sigrid Neubert offer us an authentic record of the original fabric.

meintliche „brutalistische Bausünde“ dem Abbruch zum Opfer. Dieser 18-stöckige Monolith aus Sichtbeton, der einen Akzent zum horizontal lagernden Werkstätten- und Lehrgebäude bildete, ist damit unwiederbringlich verloren[L]. Die noch erhaltenen Teile des Ensembles stehen inzwischen unter Denkmalschutz und werden demnächst renoviert. Auch die denkmalgeschützte Münchner BMW Zentrale musste bereits generalüberholt werden, um heutigen Standards zu entsprechen. Lediglich in den Fotografien von Sigrid Neubert ist die ursprüngliche Substanz authentisch überliefert.

Über die Jahre nahm man an Schwanzers Bauten wiederholt kleinere oder größere Eingriffe vor, sofern sie nicht gänzlich aus dem Stadtbild verschwanden. Wie fragil und gefährdet das architektonische Erbe der Nachkriegszeit ist, stellte Stefan Oláh im Zuge der Arbeit an einem Buchprojekt über die österreichische Architektur der 1950er-Jahre fest.[18] Auch wenn sich heute die Mängel damaliger Bauten zeigen, künden sie doch vom ungebrochenen Optimismus der Zeit und vom Willen, wieder Anschluss an das internationale Geschehen zu finden. Insbesondere die Sorgfalt der Materialwahl trotz knapper Budgets und widriger Umstände bei der Beschaffung und Ausführung zeugen von der Qualität der Architektur dieser Phase. Karl Schwanzers Österreich-Pavillon für die Brüsseler Weltausstellung 1958 gilt als Musterbeispiel dieser Form eines ebenso pragmatischen wie zukunftsgerichteten Bauens. Diese gerade in ihrer Schlichtheit spektakuläre Konstruktion aus Stahl und Glas war von vorneherein zur Wiederverwendung gedacht, in Folge wandelte sich ihr Erscheinungsbild aber drastisch. Ursprünglich sollten die vier zentralen Stützen – standardisierte Brückenträger – ihren neuerlichen Einsatz im Pionierbrückenbau finden.[19] Doch durch die Auszeichnung mit dem Grand Prix (die im Übrigen auch andere Bauten dieser Expo erhielten) wurde der Pavillon quasi zu einer Trophäe erhoben, die sich nicht einfach anderswie ‚verbauen‘ ließ. Letztlich fand er als Museum des 20. Jahrhunderts an der damaligen Peripherie von Wien seine Neuaufstellung, denn von ministerieller Seite her bestand der Wunsch nach einem Raum für zeitgenössische Kunst; Schwanzer selbst adaptierte den Pavillon für diesen Zweck. Die einladende Offenheit seiner Leichtbaukonstruktion, die dem Obergeschoss etwas Schwebendes verlieh, ging im Zuge der neuen Nutzung verloren. Erlaubte die Anlage dem Publikum einst, vom Parterre in die umlaufenden Teile der Ausstellungshalle zu blicken, und vom Innenhof aus sogar in den Himmel, so wurde der Patio in Wien überdacht und die Erdgeschosszone rundum verglast. Der vorgelagerte Funktionsbau, der seither die Hauptansicht dominiert, erdet die transparente Konstruktion und lässt sie wesentlich breiter und schwerer wirken. Nach der Eröffnung im Jahr 1962 avancierte das „20er Haus“ bald zum alternativen Ausstellungsraum. An diesem Ort tat sich ein neuer Kosmos auf, die Halle bot sich bestens für Performances an. Um die Jahrtausendwende aber, nach fast vier Jahrzehnten, musste man das bautechnisch marode

H)

I)

Over the years Schwanzer's buildings have been repeatedly subject to minor or major interventions – or have disappeared from the cityscape completely. The fragility and vulnerability of the architectural legacy of the post-war era became apparent to Stefan Oláh as he worked on a book project concerning the Austrian architecture of the 1950s.[18] Yet, even if the defects of those buildings are quite apparent, they still proclaim the unbroken optimism of the period and the desire to reconnect with the international scene. The care with which materials were chosen regardless of tight budgets and the adversities of the procurement and execution processes bear witness to the quality of the architecture of this phase. Karl Schwanzer's Austrian Pavilion for the Brussels World's Fair of 1958 is a model of this approach to building, which is as pragmatic as it is forward-looking. This steel and glass structure, which is spectacular in its very simplicity, was intended from the outset to be reusable although its appearance was to change dramatically. The four main supports – standardised bridge girders – were originally to be reused in the construction of temporary military bridges.[19] But the award of the Grand Prix (which was, incidentally, also awarded to other pavilions at the Expo) gave the pavilion a trophy-like status, which meant that it couldn't simply be reassembled in another way. It was finally re-erected as the Museum of the 20th Century on what was then the edge of Vienna, as a response to a ministerial request for a space in which to display contemporary art; Schwanzer himself adapted the pavilion to this purpose. The inviting openness of his lightweight construction, which had lent the upper level an almost floating quality, was lost during the conversion. Whereas the public had once enjoyed views from the parterre into the surrounding areas of the exhibition space and even from the inner courtyard towards the sky, the patio in Vienna was covered and the ground-floor zone glazed on every side. The functional portico, which has dominated the main façade ever since, ties the transparent structure to the ground, making it feel significantly broader and heavier. After its opening in 1962, the “20er Haus” quickly established itself as an alternative exhibition space. A new universe opened up at the location, the hall was perfect for performances. However, around the turn of the century and after almost four decades the structurally dilapidated building had to be closed for safety reasons. The lack of maintenance had resulted in the steel skeleton being attacked by rust and puddles formed in the interior.[20] Refurbishment was unavoidable although, from the conservation point of view, one had to speak instead of conversion due to the demand that the one-time exhibition pavilion should, in the future, be able to meet the requirements of a fully-fledged museum. After remaining empty for years the building, which now formed part of a new urban district, was revitalised. The project by the Vienna architect Adolf Krischanitz, himself a former student of Karl Schwanzer, took on the balancing act of preserving as much of the quality of the open exhibition space as possible while still adding functionally essential extensions.[21]

Haus aus Gründen der Sicherheit schließen. Aufgrund mangelnder Instandhaltung war das Stahlskelett von Rost befallen, im Inneren standen Wasserpfützen.[20] Eine Sanierung schien unumgänglich, wobei aus konservatorischer Sicht eher von einem Umbau gesprochen werden muss – sollte der einstige Ausstellungspavillon doch künftig die Voraussetzungen eines vollwertigen Museums erfüllen. Nach Jahren des Leerstands erfolgte die Revitalisierung des mittlerweile in einem neu entstandenen Stadtteil gelegenen Baus. Der Wiener Architekt Adolf Krischanitz, selbst ein Student Karl Schwanzers, wagte mit seinem Projekt den Spagat, die Qualität des offenen Ausstellungsraums bestmöglich zu wahren, den Bestand zugleich aber um funktionell notwendige Teile zu erweitern.[21]

Stefan Oláhs persönliches Interesse an den Bauten Karl Schwanzers wurde im Zuge der Bestandserfassung des 20er Hauses geweckt, die im Auftrag des Bundesdenkmalamtes unmittelbar vor dem Umbau zum 21er Haus im Jahr 2008 geschah. Als Lehrbeauftragter und Lektor des Instituts für Konservierung und Restaurierung an der Universität für angewandte Kunst war er im Rahmen dieses Vorhabens mit der Fotodokumentation betraut. Die Aufnahmen der Fassaden, des leer geräumten Ausstellungraums, des Kinosaals und der Kantine – die beiden letzteren stammen noch beinahe originalgetreu aus der Brüsseler Zeit – regten ihn letztlich zu einer umfassenden Auseinandersetzung mit dem Schaffen Schwanzers an. Das Besondere dieses Dokumentationsauftrags lag darin, die einzelnen Teile des Baus kurz vor seiner Neugestaltung ein letztes Mal fotografisch zu erfassen. Die quasi archäologische Annäherung an die freiliegenden Konstruktions- und Ausstattungselemente bereits zweier unterschiedlicher Bauzustände, der für die Befundung nötige Fokus auf Materialitäten und auf die Spuren der Nutzung über die Jahrzehnte schärfte sein Auge für die baulichen Details. Auch Schwanzers Sinn für eine besondere Atmosphäre zeigte sich im 20er Haus exemplarisch: im raffiniert von Licht durchfluteten Ausstellungsraum ebenso wie im Kino mit seinen reliefartig holzvertäfelten Wänden.

Nach und nach hat Oláh Schwanzers bekannteste und innovativste Bauten aufgespürt und – wie im angewandten Bereich der Architekturfotografie üblich – in Serien dokumentiert. Anders als bei klassischen Fotoaufträgen ist jedoch kaum ein Objekt in der Totale oder in seinem städtebaulichen Umfeld zu sehen. Vielmehr liegt der Fokus auf den konstruktiven Prinzipien und auf formalen Details, auf der Wirkung von Materialien, Oberflächen, Farben. Oft sind die Motive frontal und exakt bildflächenparallel fotografiert. Die handwerkliche Präzision von Oláhs Großbildaufnahmen korrespondiert mit Schwanzers raffinierter Gestaltung. In nahsichtigen Ausschnitten findet sich die Haltung des Architekten verdichtet. Diese Art der Annäherung erlaubt es, rein visuell die Formensprache der jeweiligen Bauvorhaben zu erfassen. Zugleich wirkt jedes der Fotomotive als eigenständiges Bild. Die Aufnahme der Betonelemente des BMW Parkhauses in München, die wie übereinandergesta-

J) Karl Schwanzer, Autolift am Neuen Markt, Wien 1959, Foto: Maria Wölfl, Wien

Karl Schwanzer, car lift on Neuer Markt, Vienna 1959, Photo: Maria Wölfl, Vienna

K) Karl Schwanzer, Verwaltungsgebäude für Philips, Wien 1964, Foto: Photo Meyer, Wien

Karl Schwanzer, administration building for Philips, Vienna 1964, Photo: Photo Meyer, Vienna

L) Karl Schwanzer, WIFI St. Pölten, 1972, Photo: Foto Penz, St. Pölten

Karl Schwanzer, WIFI St. Pölten, 1972, Photo: Foto Penz, St. Pölten

J)

Stefan Oláh's personal interest in the buildings of Karl Schwanzer was triggered while he was taking stock of the 20er Haus on behalf of the Federal Monuments Office shortly before its conversion into the 21er Haus in 2008. As a lecturer and reader at the Institute for Conservation and Restoration at the University of Applied Arts he had been entrusted with the photographic documentation of this undertaking. The photographs of the façades, the emptied exhibition space, the cinema and the canteen – these last two virtually unchanged since Brussels – eventually encouraged him to undertake a much more comprehensive investigation of Schwanzer's work. The special aspect of this documentary commission was the requirement to photograph the individual elements of the building for one last time, shortly before its conversion. The almost archaeological approach to these exposed elements of structure and fittings from two different constructional states, the focus on materials and on the traces left by decades of use, which were an essential part of the diagnosis of the building, made him particularly sensitive to the constructional details. The 20er Haus also provided examples of Schwanzer's ability to create a special atmosphere: such as the exhibition space, which he flooded with light in the most refined manner, and the quasi-sculptural timber wall panels of the cinema.

Oláh gradually traced Schwanzer's best-known and most innovative buildings and – as is customary in the field of applied architectural photography – documented these in series. However, unlike in the case of classical photographic commissions, hardly any of these objects can be seen in its entirety or its urban context. Rather, the focus is on structural principles and formal details, on the effect of materials, surfaces and colours. The motifs are often photographed frontally, exactly parallel to the image. The manual precision of Oláh's large-format photographs corresponds with Schwanzer's refined design. Close-ups intensify the architect's approach. This type of approximation makes it possible to capture the formal language of each building in purely visual terms. At the same time, each photographic motif functions as an autonomous image. The photographs of the concrete elements of the BMW parking garage in Munich, which appear like bridges stacked on top of each other, focus the attention on the structure itself. The close-up of the façade highlights the repetitive effect associated with the prefabricated building method. Even the symmetrical detail of the powerfully structural external skin of the BMW administration building draws attention to the form and function of the design: One appreciates the materiality of the aluminium structure that accentuates each floor, the all-round illumination and the inclination of the windows, which prevents excess solar radiation on the outside and reflects noise upwards towards the ceiling on the inside. But photographic images also enable one to sensually experience the rhythm of the façade and the finely balanced relationship between the individual elements. In this way, the photographs also trans-

pelte Brücken wirken, rückt eben diese Struktur in den Blick. In der Nahsicht auf die Fassade kommt die Rapportwirkung der Bauweise aus Fertigteilen zum Tragen. Auch der symmetrische Ausschnitt der stark plastisch durchgebildeten Außenhaut des BMW Verwaltungsbaus lenkt das Augenmerk auf die Form und Funktion der Gestaltung: Man nimmt die Materialität der Aluminiumkonstruktion wahr, die jedes Geschoss akzentuiert, die rundum laufende Belichtung und die Neigung der Fenster, die außen eine zu starke Sonneneinstrahlung verhindert und im Gebäudeinneren den Schall aufwärts zur Decke reflektiert. Sinnlich erfahrbar wird im fotografischen Bild aber auch der Rhythmus der Fassade, das fein austarierte Verhältnis der einzelnen Elemente. Derart vermitteln die Aufnahmen auch Schwanzers nimmermüde – jedoch undogmatische – Beschäftigung mit Modulen als der Basis des Bauens (mit *modul* waren auch die von ihm ab 1970 herausgegebenen Werkberichte betitelt). Geradezu physisch spürbar wird in anderen Bildern dagegen die Wucht der plastischen Volumina aus Sichtbeton, wie jene des St. Pöltener WIFI-Gebäudes oder des Faltwerks im Ergänzungsbau der Wiener Kapuzinergruft. Teils bietet Oláh auch ungewohnte Ansichten, die man nicht sofort mit dem fotografierten Gebäude in Verbindung bringt: Im Fall des Philips-Hauses, das an der Südeinfahrt Wiens wie eine Landmark wirkt, wie ein überdimensioniertes Ortsschild mit ausgebreiteten Armen, sind es Nahaufnahmen spezieller konstruktiver Details, die eine Idee von Schwanzers ganzheitlicher Gestaltungsweise vermitteln. Die Ausschnitte bringen Feinheiten des Entwurfes zur Geltung, sie rücken die zeitlose Schönheit der vom Architekten selbst konzipierten Stiegengeländer, Tür- und Fensterbeschläge in den Blick. Auch die diversen Möbel, die Schwanzer entwarf, sind in unkonventionellen Nahsichten erfasst, jedes Objekt ist angeschnitten. In sinnlicher Weise vermitteln die Fotografien die Qualität der Gestaltung. Sie zeigen aber auch Spuren der einstigen Nutzung oder des heutigen laufenden Betriebs, wie in der Serie zur Österreichischen Botschaft in Brasília. Mitunter stellen die von Oláh festgehaltenen Motive aber überhaupt nur mehr die Residuen einstiger (Um-)Bauten Karl Schwanzers dar – wie der organisch geschwungene Türgriff als einziges erhaltenes Element seiner Einrichtung des Wäschemodengeschäfts ‚Rositta'.

Eine eingehende Recherche zu den einzelnen Objekten war im Vorfeld des Fotografierens unabdingbar, alle Aufnahmen basieren auf profundem Hintergrundwissen zur Geschichte des jeweiligen Baus. Oláh nimmt sich Zeit, um sich mit dem Wesen einer Architektur vertraut zu machen, sich auf die Proportionen des Raumes einzulassen und ein Gefühl für die baulichen Details zu entwickeln. Die Wirkung der Motive hängt stark von der Lichtsituation und damit von der Jahres- und Tageszeit wie von der Wetterlage ab. Erst nach genauen Arbeitsskizzen und der Bestimmung des Zeitpunkts der Aufnahme folgt die Einstellung der Kamera. Stefan Oláhs Selbstverständnis als Architekturfotograf ähnelt in vielem jenem Sigrid Neuberts:

K)

L)

mit Schwanzer's relentless – yet undogmatic – preoccupation with the module as the basis of building (*modul* was also the name given to the project reports that he published after 1970). In contrast, other images allow the viewer to sense, almost physically, the power of such sculptural fair-faced concrete volumes as the WIFI building in St. Pölten or the folded ceiling of the extension to the Kapuzinergruft in Vienna. Oláh also offers some unusual views that one doesn't immediately associate with the photographed buildings: In the case of the Philips building, which acts like a landmark at the southern entrance to Vienna, an over-dimensional town sign with outspread arms, these views are the close-ups of special constructional details, which convey a sense of Schwanzer's holistic design approach. These details emphasise the subtleties of the design, drawing attention to the timeless beauty of the balustrades and door and window fittings, which the architect conceived himself. Even the various items of furniture that Schwanzer designed are recorded in unconventional close-ups, every object is cropped. The photographs communicate the sensory quality of the design. But they also reveal traces of former or current uses, as in the series on the Austrian Embassy in Brasília. In some cases the motifs captured by Oláh represent the mere residues of former buildings or conversions by Karl Schwanzer – such as the organically curved door handle that is the only remaining element of his interior design of the 'Rositta' lingerie store.

Before they could be photographed, it was essential that detailed research was carried out into the individual objects and all the images are based on comprehensive background knowledge of the history of the relevant building. Oláh takes the time to become familiar with the essence of each work, to understand the proportions of a space and develop a feeling for constructional details. The effect of a motif is heavily dependent upon the lighting situation and, hence, from the time of day or year and the weather. The camera is only set up after detailed sketches have been prepared and the right moment for the photograph determined. Stefan Oláh's self-image as a photographer is similar in many ways to that of Sigrid Neubert: like her, he studied at the State Academy for Photographic Design in Munich, one of the oldest and best-known schools for professional photographers;[22] like her, he works with a Linhof Technika large format camera on a tripod and analogue photographic material and disappears below a dark sheet to take his photographs in order to be able to see the inverted motif on the focussing screen. Oláh's personal principles are to approach the objects from a 'human' or comprehensible standpoint, to avoid contrived interventions and to dispense with artificial lighting and only photograph with natural light – which is made possible by long exposure times.[23] Moveable objects are documented in situ as they are found. Special effects are out of the question and he refrains from any manipulative correction of the images. Hitherto, Stefan Oláh has also consistently

Wie diese absolvierte er sein Studium an der staatlichen Fachakademie für Fotodesign in München, einer der ältesten und renommiertesten Fachschulen für Berufsfotografie;[22] wie sie arbeitet er mit einer Linhof Technika-Großformatkamera auf Stativ und mit analogem Aufnahmematerial, und auch er verschwindet zum Fotografieren unter einem Dunkeltuch, um das kopfüber erscheinende Motiv auf der Mattscheibe zu sehen. Oláhs persönliche Grundsätze bestehen darin, sich den Objekten von einem ‚menschlichen', das heißt nachvollziehbaren Standpunkt zu nähern, keine arrangierenden Eingriffe vorzunehmen, auf künstliche Beleuchtung zu verzichten und nur bei natürlichem Licht zu fotografieren – lange Belichtungszeiten erlauben dies.[23] Bewegliche Gegenstände wie Möbel werden wie vor Ort vorgefunden dokumentiert. Diverse Spezialeffekte kommen für ihn nicht infrage, von manipulierenden Korrekturen der Aufnahmen sieht er ab. Bislang hielt sich Stefan Oláh auch streng daran, den Bildausschnitt stets so zu belassen, wie er sich am Negativ präsentiert. Im Zuge der Gestaltung des vorliegenden Bands rückte er in dem Punkt erstmals von seiner bisherigen Praxis ab. Teils sind die Aufnahmen leicht beschnitten, um das Bildhafte der fotografierten Motive zu pointieren. Die Ausschnitte sind zudem weder chronologisch noch nach einzelnen Bauten gruppiert. Das assoziative Arrangement – gleichsam Spuren, die sich über die Seiten dieses Buchobjekts ziehen – lässt die fotografischen Qualitäten der Aufnahmen ebenso hervortreten wie die baukünstlerischen Besonderheiten Karl Schwanzers. Der Band stellt auch eine kleine Verneigung vor dessen Wertschätzung des Mediums Fotobuch dar.[24] Zugleich wird mit dieser Bestandsaufnahme die noch vorhandene Substanz seiner Bauten bildlich bewahrt.

1) In großem Maßstab betrieb dies die Stadtverwaltung von Paris, die den Architekturfotografen Charles Marville über Jahre damit beauftragte, nicht nur die schmalen, alten Straßenzüge samt ihrer desolaten Bausubstanz zu dokumentieren, sondern auch die Transformation zur damals modernsten Metropole. Großformatige Abzüge der neuen Bauvorhaben wurden wiederholt auf den damaligen Weltausstellungen präsentiert. Vgl. Joke de Wolf, *Le Nouveau Paris: Charles Marville photographs the City Transformation* (= Rijksmuseum Studies in Photography, Vol. 18), Amsterdam 2018.

2) Ausführlich dazu: Angelika Fitz, Gabriele Lenz (Hg.), *Vom Nutzen der Architekturfotografie. Positionen zur Beziehung von Bild und Architektur*, Basel 2015.

3) Vgl. Timm Starl, „Spuren", in: Ders., *Kritik der Fotografie*, Marburg 2012, S. 257 f.

4) https://www.instagram.com/karl_schwanzer/?hl=de (zuletzt abgerufen am 3. August 2018).

5) Vgl. Otto Kapfinger, „Tanz der Module", in: Leonie Manhardt (Hg.), *Drei Bauten von Karl Schwanzer. Fotografiert von Sigrid Neubert*, Wien 2005, S. 27–35. Der Artikel bietet eine konzise Charakteristik des Schwanzer'schen Schaffens.

6) Schwanzer zählte 1958 zu den Mitbegründern des Österreichischen Instituts für Formgebung.

7) Einen anschaulichen Überblick über Karl Schwanzers Werdegang und sein stetes Ringen um die beste Lösung gibt der anlässlich seines 100. Geburtstags publizierte Comic: Benjamin Swiczinsky, *Schwanzer – Architekt aus Leidenschaft. Drei Jahrzehnte Architektur- und Zeitgeschichte*, hg. von Martin Schwanzer, Text und dramaturgische Beratung von Max Gruber, Basel 2018.

8) Vgl. *Karl Schwanzer. ordnen, planen, gestalten, formen, bauen.* Ausst.-Kat Museum des 20. Jahrhunderts, Wien, anlässlich der Verleihung des Großen Österreichischen Staatspreises für Bildende Kunst 1975, Wien 1978, S. 85.

9) Vgl. Adolph Stiller, *Oswald Haerdtl, Architekt und Designer (1899–1959)*, Ausst.-Kat. Architekturzentrum Wien, Salzburg 2000.

10) Vgl. Gabriele Hofer, *Lucca Chmel. Architekturfotografie 1945–1972. Zur Repräsentation österreichischer Nachkriegsmoderne im fotografischen Bild* (= Angewandte Kulturwissenschaften Wien Bd. 4), Wien 2006.

11) Insbesondere das Begleitbuch *Österreich. Weltausstellung Brüssel 1958*, hg. vom Wirtschaftsförderungsinstitut der Bundeskammer der gewerblichen Wirtschaft und der Geschäftsstelle des Regierungskommissärs für die Weltausstellung Brüssel 1958, Wien 1958.

insisted upon using the image uncropped, exactly as it appears on the negative. During the design of this book, however, he shifted from this position for the first time and some of the photographs have been minimally cropped in order to underline the extent to which the recorded motifs are also pictorial compositions in their own right. In addition to this, the details are organised neither chronologically nor by building. This associative arrangement – like traces which cross the pages of this book – enables the photographic qualities of the images to emerge in the same way as the architectural characteristics of Karl Schwanzer. The volume also acknowledges Schwanzer's regard for the photobook as a medium.[24] And at the same time this inventory represents a visual repository of the remaining fabric of his buildings.

1) The city authorities in Paris engaged in this at a large scale, commissioning the architectural photographer Charles Marville over many years to document not only the ancient, narrow streets and their desolate building fabric but also the city's transformation into the then most modern metropolis. Large format prints of the latest buildings were repeatedly presented at world's fairs. See Joke de Wolf, *Le Nouveau Paris: Charles Marville photographs the City Transformation* (= Rijksmuseum Studies in Photography, Vol. 18), Amsterdam 2018.

2) For more detail see Angelika Fitz, Gabriele Lenz (eds.), *Architectural Photography and its Uses. Positions on the Relationship between Image and Architecture*, Basel 2015.

3) See Timm Starl, "Spuren", in: Starl, *Kritik der Fotografie*, Marburg 2012, p. 257 f.

4) https://www.instagram.com/karl_schwanzer/?hl=en (last retrieved on 3rd August 2018).

5) See Otto Kapfinger, "Dance of the Modules", in: Leonie Manhardt (ed.), *Three Buildings by Karl Schwanzer. Photographs by Sigrid Neubert*, Vienna 2005, pp. 27–35. The article offers a concise characterisation of Schwanzer's creative approach.

6) In 1958 Schwanzer was one of the co-founders of the Austrian Institute for Design.

7) A vivid overview of Karl Schwanzer's career and constant search for the best solution can be found in the comic published to mark his 100th birthday: Benjamin Swiczinsky, *Schwanzer – Architect. Visionary. Maestro. Three Decades of Architectural and Contemporary History*, ed. by Martin Schwanzer, text and story editing by Max Gruber, Basel 2018.

8) See *Karl Schwanzer. ordnen, planen, gestalten, formen, bauen.* Exhibition catalogue at the Museum of the 20th Century, Vienna, on the occasion of the award of the Grand Austrian State Prize for the Fine Arts 1975, Vienna 1978, p. 85.

9) See Adolph Stiller, *Oswald Haerdtl, Architekt und Designer (1899–1959)*, exhibition catalogue, Architekturzentrum Wien, Salzburg 2000.

10) *See Gabriele Hofer, Lucca Chmel. Architekturfotografie 1945–1972. Zur Repräsentation österreichischer Nachkriegsmoderne im fotografischen Bild* (= Angewandte Kulturwissenschaften Wien Volume 4), Vienna 2006.

12) Frank Seehausen, *Sigrid Neubert. Architekturfotografie der Nachkriegsmoderne*, Ausst.-Kat. Kunstbibliothek Staatliche Museen zu Berlin (Hg. Ludger Derenthal), München 2018.

13) Ganz im Gegensatz zur Praxis des 19. Jahrhunderts. Vgl. Monika Faber, „Kameras auf der Baustelle. Dauerhafte Zeugen einer radikalen Veränderung“, in: Alfred Fogarassy (Hg.), *Die Wiener Ringstraße. Das Buch.* Ostfildern 2014, S. 40–55. Dass frühe Architekturfotografien zum überwiegenden Teil verschiedene Bauprozesse zeigen, mag an den eindrucksvollen Hilfskonstruktionen liegen – durch die rapide industrielle und urbane Entwicklung war der Anblick gigantischer Holzgerüste omnipräsent. Das Bauen mit Stahlbeton machte derartige struktive Gerüste mehr und mehr obsolet, der Fokus der Architekturfotografie verlagerte sich im 20. Jahrhundert auf die fertiggestellten Objekte. Vgl. Harald R. Stühlinger, *Midwives of architecture – scaffoldings and false works as agents in architectural photography*, Manuskript des Vortrags im Rahmen der Konferenz *Inter2016*, University of Navarra, Pamplona, 4. November 2016. Ich danke dem Autor an dieser Stelle für die Übermittlung seines Texts.

14) Karl Schwanzer (Hg.), *Entscheidung zur Form. Monographie eines Baus*, Wien / München 1973.

15) Schwanzer hatte ein umfassendes Brasilien-Buch auf der Basis von Neuberts Aufnahmen geplant, zu dessen Produktion es aufgrund seines Freitods im Jahr 1975 jedoch nicht mehr kam. Posthum erschien ein Bildband zu Neuberts prominentesten Fotoaufträgen für Schwanzer: Leonie Manhardt (Hg.), *Drei Bauten von Karl Schwanzer. Fotografiert von Sigrid Neubert*, Wien 2005.

16) Vgl. Christian Scherl, „Wohnen in der ‚elfstöckigen Brücke‘“, in: *Die Presse*, 9. Juni 2017, https://diepresse.com/home/immobilien/5232422/Wohnen-in-der-elfstoeckigen-Bruecke (zuletzt abgerufen am 3. August 2018).

17) Auf die Geschichte und die Bedeutung des Baus wurde jüngst in zwei Ausstellungen verwiesen: *Gebaute Zukunft. Karl Schwanzer und St. Pölten*, Sonderausstellung im Stadtmuseum St. Pölten, 23. Mai bis 26. August 2018, sowie *SOS Brutalismus. Rettet die Betonmonster!*, Ausstellung im Architekturzentrum Wien, 3. März bis 6. August 2018.

18) Stefan Oláh (Hg.), *Österreichische Architektur der fünfziger Jahre. Fotografiert von Stefan Oláh*, Salzburg 2011.

19) Vgl. *Rundgang durch das 20er Haus (2008). Bestandsdokumentation & Befundung.* Unveröffentlichter Projektbericht der Universität für angewandte Kunst, Wien, Leitung: Gabriele Krist, Wien 2008, S. 4 f.

20) Vgl. Wojciech Czaja, „Das Jahrhunderthaus“, in: *derStandard.at*, 12. November 2011, https://derstandard.at/1319182629448/Wiener-Museums-Ikone-Das-Jahrhunderthaus (zuletzt abgerufen am 3. August 2018).

21) Vgl. Wojciech Czaja, „Das neue 20er Haus. Zum Projekt von Adolf Krischanitz“, in: Gerbert Frodl, Adolf Krischanitz (Hg.), *Kunst fürs 20er Haus. 20er Haus für die Kunst. Aus der Sammlung des 20. Jahrhunderts der Österreichischen Galerie Belvedere. Projekt 20er Haus, Sanierung und Umbau*, Ausst.-Kat. Österreichische Galerie im Belvedere, Wien 2006, S. 88.

22) 1900 eröffnet als „Lehr- und Versuchsanstalt für Photographie“ hieß die Schule zu Neuberts Zeit „Bayerische Staatslehranstalt für Lichtbildwesen“. Im Jahr 2003 wurde sie als Studiengang für Fotodesign in den Fachbereich Gestaltung der Fachhochschule München eingegliedert. Vgl. Ulrich Pohlmann, Rudolf Scheutle (Hg.), *Lehrjahre, Lichtjahre. Die Münchner Fotoschule 1900–2000*, Ausst.-Kat. Fotomuseum München im Münchner Stadtmuseum, München 2000.

23) Im Zuge der Ablichtung des Kinos im 20er Haus war eine Ausnahme nötig – da eine Filmprojektion unmöglich schien, strahlte er die Leinwand mit zwei seitlich positionierten Scheinwerfern an.

24) Die Summa seines Schaffens und sein Credo als Planer finden sich in seinem letzten zu Lebzeiten erschienen Band kompiliert: Karl Schwanzer (Hg.), *Architektur aus Leidenschaft*, Wien / München 1973.

11) Especially the accompanying book *Österreich. Weltausstellung Brüssel 1958*, published by the Wirtschaftsförderungsinstitut der Bundeskammer der gewerblichen Wirtschaft and the office of the Commissioner of the Brussels World’s Fair 1958, Vienna 1958.

12) Frank Seehausen, *Sigrid Neubert. Architekturfotografie der Nachkriegsmoderne*, exhibition catalogue, Kunstbibliothek Staatliche Museen zu Berlin (ed. Ludger Derenthal), Munich 2018.

13) Quite unlike 19th century practice. See Monika Faber, “Kameras auf der Baustelle. Dauerhafte Zeugen einer radikalen Veränderung”, in: Alfred Fogarassy (ed.), *Die Wiener Ringstraße. Das Buch.* Ostfildern 2014, pp. 40–55. The fact that early architectural photographs mostly show a range of construction processes could be explained by the impressive auxiliary structures – as a result of rapid industrial and urban development gigantic wooden scaffolding was omnipresent. Reinforced concrete meant that such structural framework became increasingly obsolete and the focus of architectural photography in the 20th century shifted to the finished object. See Harald R. Stühlinger, *Midwives of architecture – scaffoldings and false works as agents in architectural photography*, Manuscript of a lecture to the conference *Inter2016*, University of Navarra, Pamplona, 4th November 2016. I would like to take this opportunity to thank the author for forwarding me his text.

14) Karl Schwanzer (ed.), *Entscheidung zur Form. Monographie eines Baus*, Vienna / Munich 1973.

15) Schwanzer had planned a comprehensive Brazil book on the basis of Neubert’s photographs but his suicide in 1975 put an end to its production. An illustrated book featuring Neubert’s most prominent photographic commissions for Schwanzer was published posthumously: Leonie Manhardt (ed.), *Three Buildings by Karl Schwanzer. Photographs by Sigrid Neubert*, Vienna 2005.

16) See Christian Scherl, “Wohnen in der ‘elfstöckigen Brücke’”, in: *Die Presse*, 9th June 2017, https://diepresse.com/home/immobilien/5232422/Wohnen-in-der-elfstoeckigen-Bruecke (last retrieved on 3rd August 2018).

17) The history and significance of the building were referred to in two recent exhibitions: *Gebaute Zukunft. Karl Schwanzer und St. Pölten*, special exhibition in the Stadtmuseum St. Pölten, 23rd May–26th August 2018, and *SOS Brutalismus. Rettet die Betonmonster!*, exhibition in the Architekturzentrum Wien, 3rd March–6th August 2018.

18) Stefan Oláh (ed.), *Österreichische Architektur der fünfziger Jahre. Fotografiert von Stefan Oláh*, Salzburg 2011.

19) See *Rundgang durch das 20er Haus (2008). Bestandsdokumentation & Befundung.* Unpublished project report from the University of Applied Arts Vienna, Project management: Gabriele Krist, Vienna 2008, p. 4 f.

20) See Wojciech Czaja, “Das Jahrhunderthaus”, in: *derStandard.at*, 12th November 2011, https://derstandard.at/1319182629448/Wiener-Museums-Ikone-Das-Jahrhunderthaus (last retrieved on 3rd August 2018).

21) See Wojciech Czaja, “Das neue 20er Haus. Zum Projekt von Adolf Krischanitz”, in: Gerbert Frodl, Adolf Krischanitz (eds.), *Kunst fürs 20er Haus. 20er Haus für die Kunst. Aus der Sammlung des 20. Jahrhunderts der Österreichischen Galerie Belvedere. Projekt 20er Haus, Sanierung und Umbau*, exhibition catalogue, Österreichische Galerie im Belvedere, Vienna 2006, p. 88.

22) Opened in 1900 as the “Photographic Training and Research Institute” the school was known in Neubert’s day as the “Bavarian State Institute for Photography”. In 2003 it was integrated as a programme into the Design Department of Munich University of Applied Sciences See Ulrich Pohlmann, Rudolf Scheutle (eds.), *Lehrjahre, Lichtjahre. Die Münchner Fotoschule 1900–2000*, exhibition catalogue, Fotomuseum München im Münchner Stadtmuseum, Munich 2000.

23) An exception was necessary during the photographing of the cinema in the 20er Haus – as a film projection appeared impossible he illuminated the screen with two laterally positioned spotlights.

24) The summa of his work and his credo as a designer can be found in the final book that he produced before his death: Karl Schwanzer (ed.), *Architektur aus Leidenschaft*, Vienna / Munich 1973.

Haus Schwanzer, Wien, 1962
Detail Zugangsstiege

Haus Schwanzer, Vienna, 1962
Detail of the entrance steps

Österreichische Botschaft,
Brasília, 1974
Gartenansicht

Austrian Embassy, Brasília, 1974
Garden elevation

Österreichische Botschaft,
Brasília, 1974
Nebengebäude

Austrian Embassy, Brasília, 1974
Annexe

Österreichische Botschaft, Brasília, 1974
Gartenseite, Blick über das Wasserbecken in den Garten

Austrian Embassy, Brasília, 1974
Garden side, view across the pool towards the garden

Österreichische Botschaft,
Brasília, 1974
Großer Salon von außen

Austrian Embassy, Brasília, 1974
Large salon from the outside

Österreichische Botschaft,
Brasília, 1974
Detail Gartenmauer

Austrian Embassy, Brasília, 1974
Detail of the garden wall

Österreichische Botschaft,
Brasília, 1974
Detail Küche

Austrian Embassy, Brasília, 1974
Detail of the kitchen

Österreichische Botschaft,
Brasília, 1974
Detail Siebdruck-Tapisserie
von Wolfgang Hutter

Austrian Embassy, Brasília, 1974
Detail of the silkscreen wall fabric
by Wolfgang Hutter

Österreichische Botschaft,
Brasília, 1974
Loggia im Obergeschoss, Blick zum Garten

Austrian Embassy, Brasília, 1974
First floor loggia, view towards the garden

Österreichische Botschaft,
Brasília, 1974
Sekretariat

Austrian Embassy, Brasília, 1974
Secretarial office

Österreichische Botschaft,
Brasília, 1974
Wanddetail, Siebdruck-Tapisserien
von Wolfgang Hutter

Austrian Embassy, Brasília, 1974
Detail of the wall, silkscreen
wall fabric by Wolfgang Hutter

Neue Gruft (Erweiterung der Kapuzinergruft), Wien, 1961
Wandansicht mit Eingangstür von Rudolf Hoflehner

Neue Gruft (extension to the Kapuzinergruft), Vienna, 1961
View of the wall with entrance door by Rudolf Hoflehner

Neue Gruft (Erweiterung der Kapuzinergruft), Wien, 1961
Bodendetail

Neue Gruft (extension to the Kapuzinergruft), Vienna, 1961
Detail of the floor

Neue Gruft (Erweiterung der Kapuzinergruft), Wien, 1961
Detail Eingangstür von Rudolf Hoflehner

Neue Gruft (extension to the Kapuzinergruft), Vienna, 1961
Detail of the entrance door by Rudolf Hoflehner

Neue Gruft (Erweiterung
der Kapuzinergruft), Wien, 1961
Anschluss Boden / Wand
mit Türlaibung

Neue Gruft (extension to the
Kapuzinergruft), Vienna, 1961
Junction between the floor
and the wall showing the reveal
to the door

Neue Gruft (Erweiterung der Kapuzinergruft), Wien, 1961
Decke, Faltwerk aus Sichtbeton

Neue Gruft (extension to the Kapuzinergruft), Vienna, 1961
Ceiling, folded fair-faced concrete

Neue Gruft (Erweiterung der Kapuzinergruft), Wien, 1961
Totale

Neue Gruft (extension to the Kapuzinergruft), Vienna, 1961
General view

Neue Gruft (Erweiterung der Kapuzinergruft), Wien, 1961
Wanddetail, roh belassener Schüttbeton

Neue Gruft (extension to the Kapuzinergruft), Vienna, 1961
Detail of the wall, untreated cast concrete

BMW Verwaltungsgebäude,
München, 1973
Wanddetail neben der Liftgruppe

BMW administration building,
Munich, 1973
Detail of the wall next to the lifts

ÖAMTC Verwaltungsgebäude
und Servicestation, Wien, 1964
Bodendetail, Terrazzo

ÖAMTC administration building
and service station, Vienna, 1964
Detail of the floor, terrazzo

WIFI Wirtschaftsförderungsinstitut
Niederösterreich, Institutsgebäude,
St. Pölten, 1972
Erker Richtung Nordosten,
Belichtung Besuchergang

WIFI Wirtschaftsförderungsinstitut
Niederösterreich, institute building,
St. Pölten, 1972
Bay window to the northeast,
illumination of the visitor corridor

WIFI Wirtschaftsförderungsinstitut Niederösterreich, Institutsgebäude, St. Pölten, 1972
Ausschnitt Nordfassade

WIFI Wirtschaftsförderungsinstitut Niederösterreich, institute building, St. Pölten, 1972
Section of the north façade

WIFI Wirtschaftsförderungsinstitut Niederösterreich, Institutsgebäude, St. Pölten, 1972
Pausenhof, Untersicht Besuchergangbrücke

WIFI Wirtschaftsförderungsinstitut Niederösterreich, institute building, St. Pölten, 1972
Courtyard, underside of the bridge carrying the visitor corridor

Perlmoser Zementwerke AG,
Mannersdorf, Niederösterreich, 1970
Ansicht von Süden, Rohmehlsilos,
Rohstofflagerhalle

Perlmoser Zementwerke AG,
Mannersdorf, Lower Austria, 1970
View from the south, raw meal silos,
raw materials warehouse

Perlmoser Zementwerke AG,
Mannersdorf, Niederösterreich, 1970
Detail Silo, Ansicht von Westen

Perlmoser Zementwerke AG,
Mannersdorf, Lower Austria, 1970
Detail of silo, view from the west

Pfarrzentrum Leopoldau mit Pfarrkirche Auferstehung Christi, Wien, 1972
Teilansicht Kirche

Leopoldau Parish Centre with the Parish Church of Christ's Resurrection, Vienna, 1972
Partial view of the church

Pfarrzentrum Leopoldau mit
Pfarrkirche Auferstehung Christi,
Wien, 1972
Zentrales Oberlicht der Kirche

Leopoldau Parish Centre with the
Parish Church of Christ's
Resurrection, Vienna, 1972
Central skylight of the church

Pfarrzentrum Leopoldau mit
Pfarrkirche Auferstehung Christi,
Wien, 1972
Foyer mit Zugang zur Kirche

Leopoldau Parish Centre with the
Parish Church of Christ's
Resurrection, Vienna, 1972
Foyer with the entrance to the church

Pfarrzentrum Leopoldau mit Pfarrkirche Auferstehung Christi, Wien, 1972
Blick in den Pfarrhof

Leopoldau Parish Centre with the Parish Church of Christ's Resurrection, Vienna, 1972
View inside the courtyard

Pfarrzentrum Leopoldau mit
Pfarrkirche Auferstehung Christi,
Wien, 1972
Sitzbänke, Bodendetail

Leopoldau Parish Centre with the
Parish Church of Christ's
Resurrection, Vienna, 1972
Benches, detail of the floor

Pfarrzentrum Leopoldau mit
Pfarrkirche Auferstehung Christi,
Wien, 1972
Bodendetail

Leopoldau Parish Centre with the
Parish Church of Christ's
Resurrection, Vienna, 1972
Detail of the floor

Pfarrzentrum Leopoldau mit
Pfarrkirche Auferstehung Christi,
Wien, 1972
Stiege zur Empore

Leopoldau Parish Centre with the
Parish Church of Christ's
Resurrection, Vienna, 1972
Staircase to the gallery

BMW Verwaltungsgebäude,
München, 1973
Detail Vorhangfassade, vorgefertigte Aluminiumgusselemente

BMW administration building,
Munich, 1973
Detail of the curtain wall façade, prefabricated cast aluminium elements

BMW Museum, München, 1973
Fassadenausschnitt, silberfarben beschichteter Beton

BMW Museum, Munich, 1973
Section of the façade, silver-coloured coated concrete

BMW Parkhaus, München, 1971
Fassadenausschnitt, vorgehängte Betonfertigteile

BMW parking garage, Munich, 1971
Section of the façade, prefabricated concrete curtain wall elements

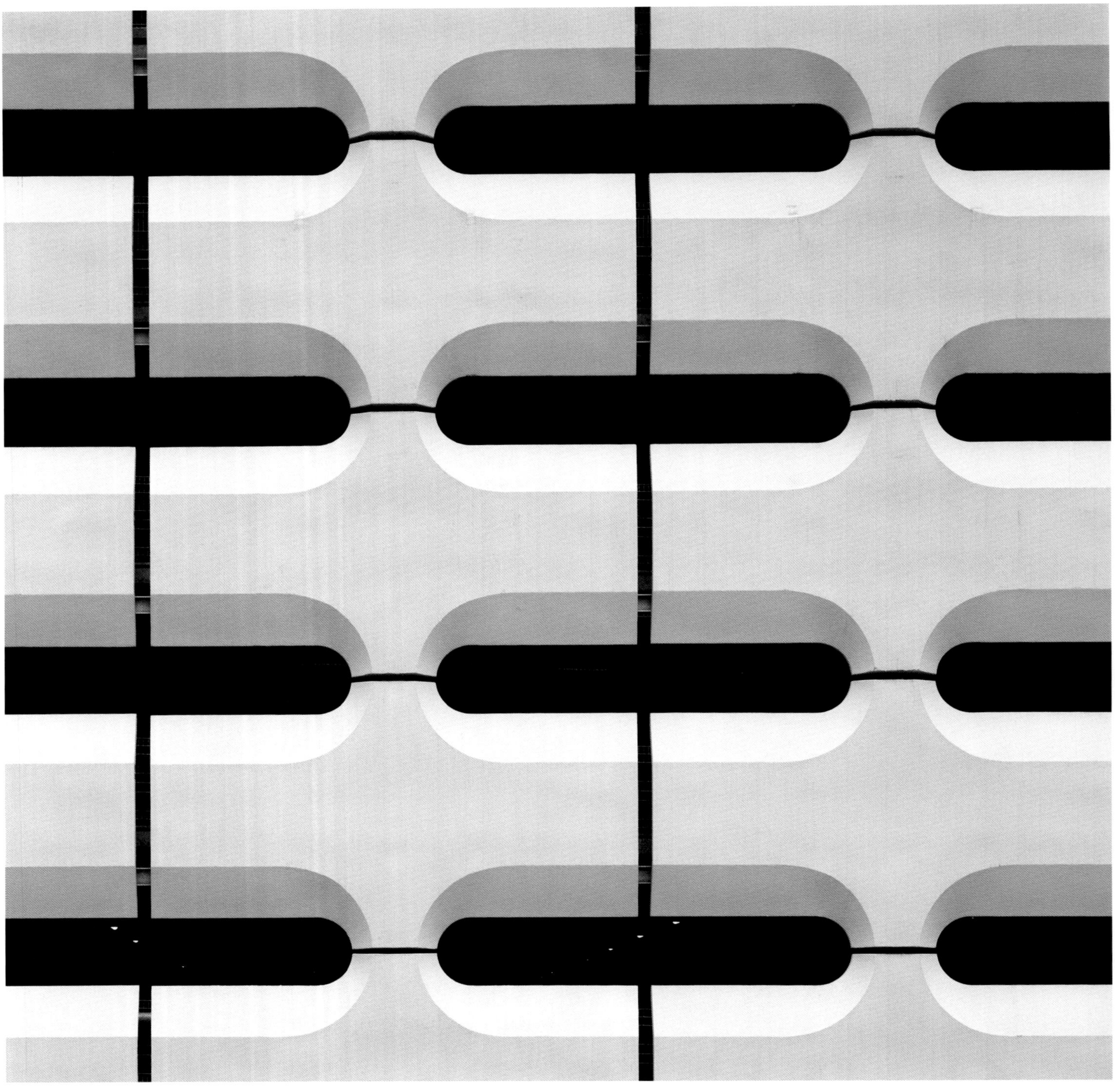

BMW Verwaltungsgebäude,
München, 1973
Fassadendetail, Betriebsgebäude

BMW administration building,
Munich, 1973
Detail of the façade, operations
building

Philips Verwaltungsgebäude,
Wien, 1964
Vertikaler Abschluss Hauptstütze,
Spannschlösser

Philips administration building,
Vienna, 1964
Top of the main support,
turnbuckles

Philips Verwaltungsgebäude,
Wien, 1964
Detail der Terrassenbrüstung

Philips administration building,
Vienna, 1964
Detail of the balustrade
to the terrace

BMW Museum, München, 1973
Nordansicht, Leichtbetonschale,
Fluchtstiege

BMW Museum, Munich, 1973
North elevation, lightweight concrete
shell, escape stair

BMW Museum, München, 1973
Rolltreppe, zentrale Erschließung

BMW Museum, Munich, 1973
Escalator, central circulation

Philips Verwaltungsgebäude,
Wien, 1964
Untersicht Stiegendetail, Stufenträger

Philips administration building,
Vienna, 1964
Detail of the underside of a staircase,
support to steps

Bürogebäude Grill & Grossmann (GIG), Attnang-Puchheim, 1965
Stiegendetail, Alu-Handlauf

Grill & Grossmann (GIG) office building, Attnang-Puchheim, 1965
Detail of a staircase, aluminium handrail

Philips Verwaltungsgebäude,
Wien, 1964
Stiegendetail

Philips administration building,
Vienna, 1964
Detail of a staircase

WIFI Wirtschaftsförderungsinstitut
Niederösterreich, Institutsgebäude,
St. Pölten, 1972
Stiegendetail

WIFI Wirtschaftsförderungsinstitut
Niederösterreich, institute building,
St. Pölten, 1972
Detail of a staircase

Christkönigskirche Pötzleinsdorf, mit Kindergarten, Wien, 1964
Stiege zur Empore

Church of Christ the King Pötzleinsdorf, with kindergarten, Vienna, 1964
Staircase to the gallery

Museum des 20. Jahrhunderts
(20er Haus), Wien, 1962
Stiegenaufgang, Haupterschließung
Obergeschoss (Umbauphase 2008)

Museum of the 20th Century
(20er Haus), Vienna, 1962
Staircase, main access to the upper
level (during reconstruction 2008)

Museum des 20. Jahrhunderts
(20er Haus), Wien, 1962
Blick in den Hauptausstellungsraum
(Umbauphase 2008)

Museum of the 20th Century
(20er Haus), Vienna, 1962
View within the main exhibition space
(during reconstruction 2008)

Museum des 20. Jahrhunderts
(20er Haus), Wien, 1962
Obergeschoss (Umbauphase 2008)

Museum of the 20th Century
(20er Haus), Vienna, 1962
Upper level (during reconstruction
2008)

Museum des 20. Jahrhunderts
(20er Haus), Wien, 1962
Fassadendetail Obergeschoss

Museum of the 20th Century
(20er Haus), Vienna, 1962
Detail of the façade to the upper level

Christkönigskirche Pötzleinsdorf, mit Kindergarten, Wien, 1964
Detail der Hauptfassade, Verglasung mit vertikalen Stahllamellen

Church of Christ the King Pötzleinsdorf, with kindergarten, Vienna, 1964
Detail of the main façade, glazing with vertical steel slats

Christkönigskirche Pötzleinsdorf, mit Kindergarten, Wien, 1964
Detail, Hinterglasmalerei von Arnulf Rainer

Church of Christ the King Pötzleinsdorf, with kindergarten, Vienna, 1964
Detail, reverse glass painting by Arnulf Rainer

Christkönigskirche Pötzleinsdorf,
mit Kindergarten, Wien, 1964
Wanddetail Ziegelmauer

Church of Christ the King
Pötzleinsdorf, with kindergarten,
Vienna, 1964
Detail of brick wall

Museum des 20. Jahrhunderts
(20er Haus), Wien, 1962
Fassadendetail Flachbau

Museum of the 20th Century
(20er Haus), Vienna, 1962
Detail of the façade to the portico

Christkönigskirche Pötzleinsdorf, mit Kindergarten, Wien, 1964
Detail Außenwand

Church of Christ the King Pötzleinsdorf, with kindergarten, Vienna, 1964
Detail of the external wall

Erweiterungsbau Hochschule
für angewandte Kunst, Wien, 1965
(mit Eugen Wörle)
Gebäudeanschluss an Altbau von
Heinrich Ferstel, Sichtbetonskelett,
Ziegelausfachung

Extension to the University
of Applied Arts, Vienna, 1965
(with Eugen Wörle)
Junction with the original building
by Heinrich Ferstel, fair-faced
concrete frame, brick infill

Erweiterungsbau Hochschule
für angewandte Kunst, Wien, 1965
(mit Eugen Wörle)
Ostfassade, Ansicht über Wienfluss

Extension to the University
of Applied Arts, Vienna, 1965
(with Eugen Wörle)
East façade, view from across
the River Wien

Philips Verwaltungsgebäude,
Wien, 1964
Fassadenausschnitt, eine von vier oktogonalen Hauptstützen, horizontale Spannbetonträger mit Auskragung

Philips administration building,
Vienna, 1964
Section of façade, one of four octagonal main supports, horizontal pre-stressed concrete beams with cantilever

Bürogebäude Grill & Grossmann (GIG), Attnang-Puchheim, 1965
Fassadendetail ebenerdig, Quadratstützen

Grill & Grossmann (GIG) office building, Attnang-Puchheim, 1965
Detail of façade at ground level, square columns

Regal
Rundstahl, lackiert, mit Drahtglas
Atelier Schwanzer, Wien, um 1955

Shelves
Round steel bars, painted, with wired glass
Atelier Schwanzer, Vienna, around 1955

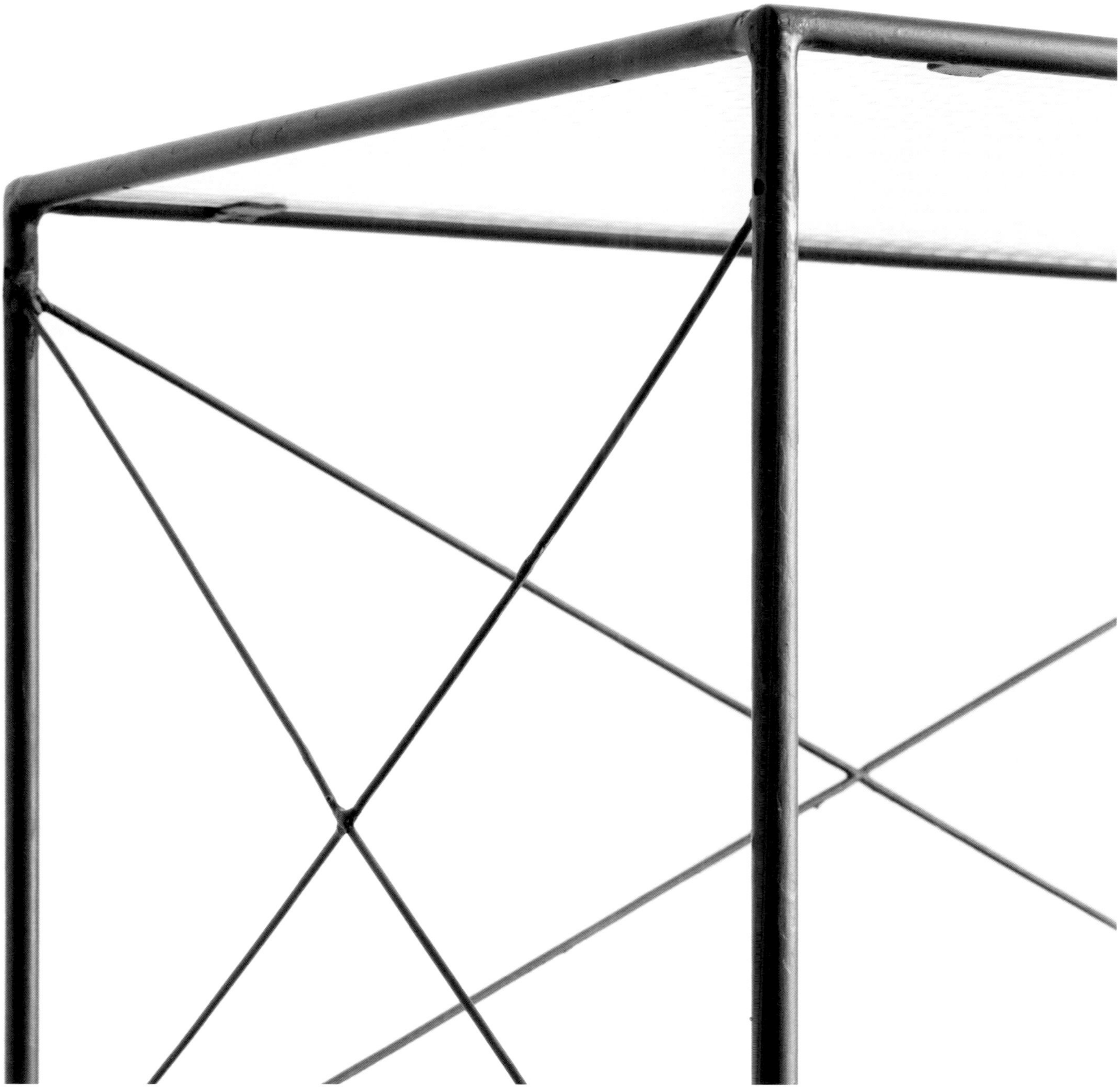

Bücherregal, Arbeitsplatz
Karl Schwanzer
Haus Schwanzer, Wien, 1962

Bookshelves, Karl Schwanzer's workplace
Haus Schwanzer, Vienna, 1962

Christkönigskirche Pötzleinsdorf, mit Kindergarten, Wien, 1964
Gestühl

Church of Christ the King Pötzleinsdorf, with kindergarten, Vienna, 1964
Stalls

Pfarrzentrum Leopoldau mit
Pfarrkirche Auferstehung Christi,
Wien, 1972
Pfarrsaal

Leopoldau Parish Centre with the
Parish Church of Christ's
Resurrection, Vienna, 1972
Parish Hall

Stapelsessel
Pfarrzentrum Leopoldau mit
Pfarrkirche Auferstehung Christi,
Wien, 1972

Stackable chair
Leopoldau Parish Centre with the
Parish Church of Christ's
Resurrection, Vienna, 1972

Stapelsessel 263/264
für Fa. Thonet
Ahorn natur, Lehne schwarz
gebeizt, 1955

Stackable chairs 263/264
for the company Thonet
Natural maple, black-stained
backrest, 1955

Sessel
Haus Schwanzer, Wien, 1962

Chair
Haus Schwanzer, Vienna, 1962

Sessel, Möblierung Chefbüro
Atelier Schwanzer, Wien, um 1955

Chair, furnishing of the
director's office
Atelier Schwanzer, Vienna,
around 1955

Klappsessel für Messen und Ausstellungen
Rundstahl, lackiert, Korb
Erste Verwendung wahrscheinlich bei den österreichischen Messebeteiligungen in Stockholm und Paris, beide 1952

Folding chair for trade fairs and exhibitions
Round steel bars, painted, basketwork
Probably first used as part of the Austrian contributions to the trade fairs in Stockholm and Paris in 1952

Fauteuil
Österreichischer Pavillon,
Weltausstellung Brüssel, 1958

Armchair
Austrian Pavilion, Brussels
World's Fair, 1958

Museum des 20. Jahrhunderts
(20er Haus), Wien, 1962
Kinosaal

Museum of the 20th century
(20er Haus), Vienna, 1962
Cinema

Barhocker
Ferienwohnung Karl Schwanzer,
Kitzbühel, um 1959

Bar stool
Karl Schwanzer's holiday home,
Kitzbühel, around 1959

Barhocker
Haus Schwanzer, Wien, 1962

Bar stool
Haus Schwanzer, Vienna, 1962

Holzsessel für Kantine
Österreichischer Pavillon,
Weltausstellung Brüssel, 1958

Wooden chair for the canteen
Austrian Pavilion, Brussels
World's Fair, 1958

Korbsessel, stapelbar, für Messen
und Ausstellungen
Erste Verwendung wahrscheinlich
bei der österreichischen Messe-
beteiligung in Paris, 1955

Basketwork chair, stackable, for
trade fairs and exhibitions
Probably first used as part of the
Austrian contribution to the trade fair
in Paris in 1955

Türdrücker Modell Philips,
Wien, 1964
Aluminium

Door handle, model Philips,
Vienna, 1964
Aluminium

Türgriff, Eingangstür
Umbau Geschäftslokal ‚Rositta', Wien, 1951
Messing

Door handle, entrance door
Refitting of the 'Rositta' boutique, Vienna, 1951
Brass

Türdrücker Modell ‚Brüssel 1958'
Messing

Door handle, model 'Brüssel 1958'
Brass

# Die Möbel aus Karl Schwanzers Pavillon der Weltausstellung in Brüssel 1958

## Eine Spurensicherung im Museum für angewandte Kunst in Wien

Sebastian Hackenschmidt

### 1. Die Idee der Brücke: Der Pavillon der Expo 58

Auf der Weltausstellung 1958 in Brüssel präsentierte sich Österreich mit einem von Karl Schwanzer entworfenen Pavillon, der als einer der Schlüsselbauten der österreichischen Nachkriegsarchitektur gilt: Kaum ein anderes österreichisches Bauwerk dieser Jahre konnte den Vorgaben des Internationalen Stils in der Architektur der 1950er-Jahre so selbstverständlich standhalten.[M] Schwanzers Ausstellungsgebäude für die Expo 58 – der ersten Weltausstellung nach Ende des Zweiten Weltkriegs – sollte demonstrieren, dass der Mensch in Österreich wieder „Mitte und Maß des zivilisatorischen Fortschritts“ bildete und das Land nach den Jahren des Nationalsozialismus erneut dazu in der Lage war, „als Bindeglied zwischen den Völkern und Kulturen“ zu agieren. Wie es in einer zur Ausstellung erschienenen Broschüre hieß, wurde „der baulichen und geistigen Gestaltung der Ausstellung“ daher „die Idee der Brücke“ zugrunde gelegt: „Für den Pavillon selbst wurde eine Konstruktion gewählt, die, vom Boden abgehoben, gleichsam schwebend, wie eine Brücke in Erscheinung tritt.“[1]

Wenn der „gemeinsame geistige Nenner“ des österreichischen Pavillons die Vorstellung der Brücke war, so sollte dadurch „gezeigt werden, dass die österreichische Mission, Mittler zwischen Völkern zu sein, nicht nur eine historische, sondern eine durchaus gegenwärtige ist.“[2] In diesem Sinne schlug Schwanzers puristisch-eleganter Bau – der wie zahlreiche andere Ausstellungsgebäude der Expo 58 mit einem goldenen Stern ausgezeichnet wurde[3] – auch eine Brücke zur internationalen Architektur der Gegenwart und präsentierte sich bautechnologisch ganz auf der Höhe der Zeit.[4] Auch in den von Schwanzer konzipierten Ausstellungsbereichen im Innern gab man sich fortschrittlich: Neben Abteilungen mit ausgewählten Kunstschätzen und aktuellen, überwiegend industriell hergestellten Exponaten beherbergte der Pavillon unter

# The Furniture from Karl Schwanzer’s Pavilion at the 1958 Brussels World’s Fair

## Searching for Traces at the Museum of Applied Arts in Vienna

Sebastian Hackenschmidt

### 1. The Idea of the Bridge: The Pavilion at Expo 58

Austria presented itself at the World’s Fair in Brussels in 1958 with a pavilion designed by Karl Schwanzer that is regarded as one of the key works of Austrian post-war architecture: Hardly any other Austrian building of this period so inherently met the parameters of the International Style in the form of the architecture of the 1950s.[M] Schwanzer’s exhibition building for Expo 58 – the first world’s fair following the Second World War – sought to demonstrate that the Austrian people once again embodied the “middle way of civilised progress” and that the country, following the years of National Socialism, was once again in the position to act as “a link between peoples and cultures”. As a result of this, “the structural and spiritual design of the exhibition was,” as set out in a brochure published to mark the occasion, based on “the idea of the bridge ... For the pavilion itself, a structural solution was chosen that, raised from the ground, quasi floating, resembled a bridge.”[1]

If the “common intellectual denominator” of the Austrian pavilion was this notion of the bridge, the aim of this was “to show that the Austrian mission of acting as a mediator between peoples was not only a historic but also a thoroughly contemporary one.”[2] In this sense, Schwanzer’s elegantly purist building – which, like many other exhibition buildings at Expo 58, was awarded a golden star[3] – also built a bridge to contemporary international architecture and represented, in constructional terms, the very state of the art.[4] The Schwanzer-designed exhibition areas inside the pavilion were also progressive: In addition to the sections with selected artistic treasures and the up-to-date, predominantly industrial, exhibits the pavilion contained, amongst other things, a kindergarten, a cinema, a recording studio, an information and reading room and a travel agency, each finished in a contemporary manner.[N] [O]

anderem einen Kindergarten, ein Kino, ein Tonstudio, einen Informations- und Lesesaal sowie ein Fremdenverkehrsbüro, sämtliche in zeitgenössischer Ausstattung. N) O)

Österreich wollte in Brüssel als zukunftsträchtige Nation auftreten, der es seit Ende des Krieges gelungen war, ihr kulturelles Erbe und ihre humanistische Tradition mit den technischen, wirtschaftlichen, wissenschaftlichen und gesellschaftspolitischen Erfordernissen der Gegenwart in Einklang zu bringen. Wenn es auch nicht glückte, sich in dem auf Weltausstellungen traditionell geführten Vergleichskampf der Nationen gänzlich von martialischen Ansprüchen zu befreien, so bildete die Arena dabei doch vornehmlich das Gebiet der Kultur: „[O]b Österreich auch heute noch eine geistige Großmacht sei: diese Frage wurde durch eine Buchausstellung beantwortet und durch eine Internationale Musikakademie.“[5] Es überwog aber doch die Hoffnung, dass Österreich „im Konzert der Nationen auf der Weltausstellung in Brüssel 1958 einen Beitrag leisten konnte, der sich harmonisch in den Rahmen des Ganzen eingefügt hat.“[6]

## 2. Nationale Repräsentation: Die Möbel der Weltausstellung

Schwanzers Expo-Pavillon wurde nach dem Ende der Weltausstellung von 1958 zerlegt und zu Beginn der 1960er-Jahre als Museum des 20. Jahrhunderts im Schweizer Garten in Wien wiederaufgebaut. Fast vierzig Jahre lang – von 1962 bis 2001 – war der umfunktionierte und für seine neue Aufgabe adaptierte Stahlskelettbau in Verwendung, bevor das inzwischen unter Denkmalschutz gestellte Ausstellungsgebäude zu Beginn des 21. Jahrhunderts für einige Jahre leer stand. Nach einer von Adolf Krischanitz durchgeführten Sanierung wurde das ehemalige „20er Haus“ 2011 unter dem neuen Namen „21er Haus“ als Dependance der Österreichischen Galerie Belvedere wieder in Betrieb genommen.

Im Zuge der 2008 begonnenen Umbau- und Sanierungsarbeiten gelangte ein äußerst interessantes Ensemble aus der originalen, für die Brüsseler Weltausstellung entworfenen Einrichtung in die Sammlung des Österreichischen Museums für angewandte Kunst (MAK) in Wien: die acht Sessel, zwei Tische, eine Eckbank, eine Garderobe sowie ein Wandpaneel umfassende Kantine, die im Untergeschoss des 20er Hauses für Museumsmitarbeiter noch kontinuierlich in Verwendung gewesen war.P) Im Unterschied zu der größtenteils von technischen Materialien wie Glas und Stahl dominierten Ausstellungsarchitektur und den durch modernistische Innenausstattung geprägten Räumlichkeiten des Brüsseler Expo-Pavillons scheint dieser kleine Restaurantbereich mit seinen bodenständig-einfachen Holzmöbeln auf den ersten Blick eine gewisse Rustikalität vermittelt zu haben. Insbesondere bei den acht Sesseln des Ensembles handelt es sich aber um einen durchaus originellen und zeitgemäßen Möbelentwurf, der sich gut mit zwei weiteren

M) Karl Schwanzer, Österreichischer Pavillon, Expo Brüssel 1958, Foto: Maria Wölfl, Wien

Karl Schwanzer, Austrian Pavilion, Brussels Expo 1958, Photo: Maria Wölfl, Vienna

N) Informations- und Leseraum mit Sitzgruppe von Karl Schwanzer, Foto: Maria Wölfl, Wien

Information and reading room with seating group by Karl Schwanzer, Photo: Maria Wölfl, Vienna

O) Kindergarten im Österreichischen Pavillon, Foto: Maria Wölfl, Wien

Kindergarten in the Austrian Pavilion, Photo: Maria Wölfl, Vienna

M)

Austria's aim in Brussels was to present itself as a forward-looking nation, which, since the end of the war, had succeeded in bringing its cultural heritage and humanistic tradition in step with the technical, economic, scientific and socio-political demands of the day. And even if the competition between countries traditionally found at world's fairs meant that it was impossible to completely cast off all hints of belligerence, the arena was principally devoted to the field of culture: "The question of whether Austria is still an intellectual superpower was answered by a book exhibition and an international music academy."[5] The prevailing hope, however, was that Austria "would be able to make a contribution to the concert of nations at the Brussels World's Fair in 1958 that slipped harmoniously into the overall structure."[6]

## 2. National Representation: the Furniture of the World's Fair

Schwanzer's Expo pavilion was dismantled after the 1958 World's Fair and re-erected in the early 1960s as the Museum of the 20th Century in the Schweizer Garten in Vienna. Having been converted and adapted to play its new role the steel-framed structure was in use for nearly forty years – from 1962 to 2001 – before the now-listed exhibition building was empty for several years soon after the Millennium. Following a refurbishment managed by Adolf Krischanitz the former "20er Haus" resumed operations in 2011 under the name "21er Haus" as an annexe to the Österreichische Galerie Belvedere.

During the course of this refurbishment work that started in 2008 an extremely interesting ensemble of items from the original furnishings that were designed for the Brussels World's Fair was added to the collection of the Austrian Museum of Applied Arts (MAK) in Vienna: eight chairs, two tables, a corner bench, a coat rack and a wall panel from the canteen that had been continuously used by personnel in the basement of the 20er Haus.P) In contrast with the exhibition architecture, which had largely been dominated by technical materials such as glass and steel and the modernist finishes that had so shaped the interior spaces of the pavilion at the Brussels Expo, this small restaurant area, with its simple, vernacular timber furniture appeared, at first glance, to have exuded a certain rusticity. However, the eight chairs of the ensemble, in particular, are examples of thoroughly original and contemporary furniture design, which easily bear comparison with two further items of seating that were also designed for the Expo pavilion and have long had their place in the MAK Collection.

The first of these is an upholstered chair designed by Karl Schwanzer that was used in various parts of the exhibition building, including the director's office, the reading room and the information room and travel agencyQ) and – adapted as a non-upholstered garden chair – in the external areas of the

Sitzmöbeln vergleichen lässt, die ebenfalls für den Expo-Pavillon entworfen wurden und sich bereits seit längerer Zeit in der Sammlung des MAK befinden.

Zum einen ist dies ein von Karl Schwanzer gestalteter Polstersessel, der in verschiedenen Bereichen des Ausstellungsgebäudes verwendet wurde – unter anderem im Direktionszimmer, im Leseraum, im Informations- und Fremdenverkehrsbüro[Q] sowie in einer ungepolsterten Gartenfauteuil-Variante auch im Außenbereich des Expo-Pavillons.[R) 7)] Das hervorstechende Merkmal dieses einladend-bequemen und zugleich modernistisch-schlichten Sitzmöbels besteht in einem Gestell aus verchromtem Flachstahl, das einen tragenden Rahmen für die gepolsterten Elemente der Sitzflächen und der Rückenlehne bildet – und damit das tradierte österreichische Polstermöbel gleichsam aktualisiert, das bis dahin fast ausschließlich auf hölzernen Unterkonstruktionen basierte.[8] Es waren vor allem die Möbel von Ludwig Mies van der Rohe aus den späten 1920er- und frühen 1930er-Jahren mit ihren charakteristischen Flachstahlgestellen, die den ästhetischen Ausgangspunkt für viele repräsentative Polstermöbel auf dem internationalen Möbelmarkt der Nachkriegszeit bildeten. Entsprechend kann die mit verchromtem Flachstahl dezidiert ‚moderne' Materialwahl als Schwanzers Versuch gewertet werden, die bis in das Biedermeier zurückreichende österreichische – und insbesondere die Wiener – Tradition der Polstermöbel an den vom Bauhaus, Werkbund und neuem Bauen abgeleiteten Internationalen Stil der Moderne anzubinden und damit zugleich ästhetisch der internationalen politischen Repräsentation der Zeit zu entsprechen. Freilich gelangte Schwanzer mit der Flachstahl-Rahmenkonstruktion seines Polster-Fauteuils zu einer durchaus eigenständigen formalen Lösung, die sich von den Konstruktionen Mies van der Rohes unverkennbar abhob und heute zu den modernen österreichischen Möbelklassikern der Nachkriegszeit gezählt wird.

Während Schwanzers Polstermöbel erst 2005 im Zuge der von dem Architektenduo Eichinger oder Knechtl konzipierten Wanderausstellung „Design Now. Austria" in das MAK gelangte,[10] befindet sich ein weiteres für die Expo 58 entworfenes Sitzmöbel durch eine Widmung der Bundeskammer der gewerblichen Wirtschaft bereits seit 1962 in der Sammlung: ein von Norbert Schlesinger für das Tonstudio des Pavillons gestalteter Sessel, dessen Armlehnen nach vorne abfallend konstruiert waren, um die Musiker „in ihrer Aktionsfähigkeit nicht zu behindern."[11] Das Tonstudio war von Schlesinger nach „den akustisch und architektonisch modernsten Gesichtspunkten" geplant worden und zielte auf eine zeitgemäße „Vermittlung des Geistes österreichischer Musik" – wobei diese „verantwortungsbewußte Arbeit an der Musik [...] durch die einfache Gestaltung der Möbel unterstrichen" werden sollte.[12] Wenn auch dieses Möbel eine moderne Schlichtheit vermittelte, so im Unterschied zu Schwanzers Polster-Fauteuil nicht durch die Anmutungsqualitäten industriell hergestellter

N)

O)

pavilion.[R) 7)] Both invitingly comfortable and stylishly modern, the striking feature of this chair is a chrome-plated flat steel structure that acts as a load-bearing frame for the upholstered seat and back while, at the same time, updating the traditional Austrian upholstered chair by dispensing with the previously almost standard wooden substructure.[8] It was first and foremost Ludwig Mies van der Rohe's furniture of the late 1920s and early 1930s, with its characteristic flat steel frames, that represented the aesthetic starting point for much of the elegant upholstered furniture on the post-war international market. Accordingly, the decidedly "modern" choice of a material such as chrome-plated flat steel can be seen as Schwanzer's attempt to, firstly, connect the Austrian and, in particular, the Viennese tradition of upholstered furniture, whose roots stretch back to the Biedermeier, with the international modernist style developed from the Bauhaus, the Werkbund and new ways of building and, secondly, aesthetically embody the international political self-promotion of the age. With the flat steel frame structure of his upholstered chair Schwanzer certainly delivered an autonomously formal solution that could not be confused with the work of Mies van der Rohe and is recognised today as one the classics of post-war modern Austrian furniture.[9]

While Schwanzer's upholstered furniture first entered the MAK as part of the "Design Now. Austria" travelling exhibition, which was designed by the architectural duo Eichinger oder Knechtl in 2005,[10] a further chair designed for Expo 58 has formed part of the collection since 1962 thanks to a gift from the Bundeskammer der gewerblichen Wirtschaft: a chair designed by Norbert Schlesinger for the recording studio with armrests that lean forwards in order "not to impede the musicians in their actions."[11] The recording studio was also designed by Schlesinger in line with "the latest acoustic and architectural considerations" and seeks to ensure a contemporary "dissemination of the spirit of Austrian music" – in which this "responsible musical labour" was "reinforced by the simple design of the furniture."[12] If this furniture also has an air of modern sobriety this is due – unlike in the case of Schwanzer's upholstered armchair – not to the appeal of industrially manufactured materials but to the rigorous updating of the tradition of wooden joiner-made furniture.[S) T)]

## 3. Sitzen 58 / 69

Reference should be made in this context to a small exhibition, the importance of which for the debate about furniture making in post-war Austria can hardly be overestimated and which enables us to better categorise the design approaches behind the furniture in the 1958 Expo pavilion. This exhibition of seating furniture, which featured the chair that Schlesinger had idiosyncratically adapted for the recording studio, was held in the Austrian Museum of Applied Arts in 1969: Although its title –

Materialien, sondern in der konsequenten Aktualisierung des traditionellen, hölzernen Tischlermöbels.[S) T)]

## 3. Sitzen 58/69

Es lohnt sich, in diesem Zusammenhang auf eine kleine Ausstellung einzugehen, die in ihrer Bedeutung für den Diskurs über den österreichischen Möbelbau der Nachkriegszeit kaum überschätzt werden kann und von der aus sich die Gestaltungsansätze der Möblierung des Expo-Pavillons von 1958 besser einordnen lassen. Diese Möbelschau, in der auch Schlesingers eigenwilliger, dem speziellen Verwendungszweck angepasster Sessel aus dem Tonstudio nochmals einen Auftritt hatte, fand 1969 im Österreichischen Museum für angewandte Kunst statt: Anders als es ihr Titel – „Sitzen 69" – erwarten ließ, beanspruchte diese Ausstellung nicht, einen Überblick über die neuesten Tendenzen des internationalen Möbeldesigns zu geben; keine der bunten und poppigen Sitzgelegenheiten, die uns heute so charakteristisch für die 1960er-Jahre erscheinen, wurde gezeigt. Vielmehr präsentierte die Ausstellung eine umfangreiche Auswahl an gediegenen ‚Tischlersesseln' aus Skandinavien, Italien, Deutschland und Österreich, überwiegend aus den 1940er-, 1950er- und 1960er-Jahren: Sessel, die für die handwerkliche oder industrielle Herstellung in kleinen und mittleren Betrieben konzipiert und gleichermaßen als Anregung für Handwerker, Produzenten und Konsumenten intendiert waren.

„Sitzen 69" war als Plädoyer zu verstehen, nicht den Verlockungen modischer Trends und billig produzierter Massenware nachzugeben, sondern auf qualitativ hochwertige Erzeugnisse zu setzen, die sich durch material- und produktgerechte Verarbeitung, lange Haltbarkeit, Schlichtheit und Funktionalität auszeichneten.[13] Als vorbildlich wurde dabei vor allem das skandinavische Design erachtet, das trotz seiner zeitgemäßen Tendenz zur industriellen Produktion noch deutlich von der engen Zusammenarbeit von Entwerfern, Handwerkern und Kleinbetrieben bestimmt war und sich in der Nachkriegszeit zum Inbegriff der ‚Guten Form' entwickelt hatte. Gerade im Bereich der Möbel waren die Entwürfe finnischer, dänischer und schwedischer Designer wie Alvar Aalto, Hans Wegner oder Bruno Mathsson von einer pragmatischen Schlichtheit: Die Zurückhaltung von Gestaltung und Dekor, die Verkörperung traditioneller Werte, die Einheit von Form und Funktion sowie das Vertrauen in natürliche Materialien waren die Qualitätsmerkmale, die allgemein mit dem nordischen Design verbunden wurden.[14] Wenn diese Eigenschaften nun auch in Österreich der industriellen Massenkultur entgegengehalten wurden, so konnte Schlesingers Sessel die geforderten Kriterien durchaus erfüllen – und ebenso wie Schwanzers Expo-Fauteuil die zeitgenössischen Tendenzen des internationalen Möbelstils aufgenommen hatte, zeigte sich auch

P) Kantine mit Sesseln von Karl Schwanzer, Foto: Maria Wölfl, Wien

Canteen with chairs by Karl Schwanzer, Photo: Maria Wölfl, Vienna

Q) Informations- und Leseraum mit Fauteuils von Karl Schwanzer, Foto: Maria Wölfl, Wien

Information and reading room with armchairs by Karl Schwanzer, Photo: Maria Wölfl, Vienna

R) Gartenfauteuil von Karl Schwanzer, Hof des Österreichischen Pavillons, Foto: Maria Wölfl, Wien

Garden chair by Karl Schwanzer, courtyard of the Austrian Pavilion, Photo: Maria Wölfl, Vienna

P)

"Sitzen 69" – suggested otherwise, the exhibition did not claim to offer an overview of the latest tendencies in the area of international furniture design; it featured none of those colourful and trendy seating objects, which now seem so characteristic of the 1960s. Rather, the exhibition presented a comprehensive collection of tasteful 'joiner's chairs' from Scandinavia, Italy, Germany and Austria, predominantly from the 1940s, 50s and 60s: These were chairs that had been designed to be made by hand or by machine in small and medium-sized companies and, at the same time, were exhibited with the intention of inspiring craftsmen, producers and consumers.

"Sitzen 69" was to be understood as a rallying call to resist the temptations of fashionable trends and cheaply produced mass products and to believe in high-quality objects that were characterised by durability, purity, functionality and a sense of workmanship appropriate to the materials and to the product.[13] The key inspiration here was Scandinavian design, which, despite its modern tendency to industrial production, was still largely defined by close cooperation between designers, craftsmen and small-scale producers and had emerged as the epitome of 'good form' in the post-war years. In the area of furniture in particular the work of Finnish, Danish and Swedish designers such as Alvar Aalto, Hans Wegner and Bruno Mathsson was shaped by pragmatic simplicity: The restraint of the design and decoration, the embodiment of traditional values, the unity of form and function and the belief in natural materials were the attributes generally associated with Scandinavian design.[14] If these characteristics were now to be invoked in Austria against the culture of industrial mass production then Schlesinger's chair perfectly met the required criteria and, just as Schwanzer's Expo chair had absorbed the contemporary tendencies of the international style of furniture, Schlesinger's design was also an open call for the use of modern ideas to update traditional approaches.[15]

This notion of the workmanship being appropriate to the materials and to the product that was presented as an essential attribute in "Sitzen 69" also unquestionably applied to Schwanzer's chair from the canteen of the Expo pavilion. However, there would have been something disconcerting about the somewhat alpine appearance of this model in this context – given that the tradition to which the Museum of Applied Arts was seeking to belong through its programmatic recommendation for well-made joiner's chairs was, not least, specifically Viennese: Nearly every one of the almost thirty Austrian designers that featured in the exhibition had been trained at one of the three major Viennese institutions – the Arts and Crafts School, the Academy of Fine Arts or the College of Technology.[16] With six chairs produced by "Haus & Garten" in the 1920s and 30s, special reference was made to the architect Josef Frank, who was possibly the most significant Austrian furniture designer of the interwar years and, for the exhibition designers, the "founder of the contemporary 'new Viennese style'."[17]

Schlesingers Entwurf aufgeschlossen dafür, tradierte Ansätze durch moderne Anstöße in die Gegenwart weiterzuführen.[15]

Die für „Sitzen 69" in Anspruch genommenen Qualitätsmerkmale material- und produktgerechter Verarbeitung trafen fraglos auch auf Schwanzers Sessel aus der Kantine des Expo-Pavillons zu. Mit seiner alpinen Anmutung hätte dieses Modell in der Ausstellung jedoch etwas befremdlich gewirkt, denn die Tradition, in die sich das Museum für angewandte Kunst mit seiner programmatischen Empfehlung für gut gemachte Tischlersessel stellen wollte, war nicht zuletzt eine spezifisch wienerische: Fast sämtliche der knapp dreißig in der Ausstellung präsentierten österreichischen Entwerfer waren an einer der drei großen Wiener Institutionen – der Kunstgewerbeschule, der Akademie der bildenden Künste oder der Technischen Hochschule – ausgebildet worden.[16] Mit sechs Sesseln aus der Produktion von „Haus & Garten" aus den 1920er- und 1930er-Jahren konnte man sich insbesondere auf den Architekten Josef Frank berufen, dem wohl bedeutendsten österreichischen Möbelgestalter der Zwischenkriegszeit und für die Ausstellungsmacher der „Begründer des damaligen ‚neuen Wiener Stils'".[17]

Aufgrund des wachsenden Antisemitismus hatte sich Frank allerdings schon 1933 genötigt gesehen, Österreich zu verlassen und nach Schweden auszuwandern, wo er auch dem skandinavischen Design wichtige Impulse verlieh – so zumindest sahen es die Autoren im Katalog der Ausstellung: „Wie es hierzulande unter günstigeren Verhältnissen hätte weitergehen können, das zeigt uns das skandinavische, genauer gesagt das schwedische Beispiel. Dort konnte Frank ungehindert seine Tätigkeit fortsetzen; durch ihn wirkte auch das Wiener Vorbild indirekt weiter und trug zur Erneuerung und nachfolgenden Blüte der schwedischen, ja der gesamten skandinavischen Möbelerzeugung bei."[18] Vermittelt über den Gewährsmann Josef Frank sollten die skandinavischen Möbel in „Sitzen 69" verdeutlichen, in welche Richtung sich das Wiener Möbel der Nachkriegszeit hätte entwickeln können, wenn die hervorragende Tradition der Tischlermöbel nicht im Zuge des Zweiten Weltkriegs ausgehöhlt worden wäre – eine Tradition immerhin, die sich vom neuen Wiener Stil der Zwischenkriegszeit und bestimmten Tendenzen der Jahrhundertwende, etwa der engen Zusammenarbeit von Künstlern und Handwerkern in der Wiener Werkstätte, bis zurück zum ‚Alt-Wiener Stil' des Biedermeier verfolgen lässt.[19]

## 4. Sachliche Zurückhaltung: Moderne Heimatmöbel

Aufgrund seiner speziellen funktionellen Anpassung besaß Norbert Schlesingers Sessel für das Tonstudio des Expo-Pavillons zwar nicht unbedingt die moderne Eleganz des zeitgenössischen skandinavischen Designs, ließ sich aber doch als Beispiel für die ‚Kontinuität' anführen, in der die

Q)

R)

In 1933, however, mounting anti-Semitism had forced Frank to leave Austria and migrate to Sweden where – at least in the opinion of the authors of the exhibition catalogue – he also gave an important boost to Scandinavian design: "The Scandinavian or, more precisely, the Swedish example, shows us how things could have developed here if the situation had permitted. There, Frank was able to carry on working freely; he also ensured that the Viennese example continued to have an indirect influence and contribute to the renewal and, subsequently, the heyday of Swedish and, indeed, Scandinavian furniture as a whole."[18] Represented by the figure of Josef Frank, the Scandinavian furniture in "Sitzen 69" sought to demonstrate the direction in which post-war Viennese furniture could have developed if the Second World War had not undermined the city's excellent tradition of joiner's furniture – a tradition, which, after all, can be traced from the new Viennese style of the inter-war years and such fin-de-siècle tendencies as the close collaboration between artists and craftsmen in the Wiener Werkstätte back to the 'old-Viennese style' of Biedermeier.[19]

## 4. Objective Restraint: Modern Homeland Furniture

While the special functional adaptation of Norbert Schlesinger's chair for the recording studio of the Expo pavilion meant that it did not necessarily possess the modern elegance of contemporary Scandinavian design, it still exemplifies the "continuity that remained alive and active" in the Austrian – and hence Viennese – tradition "throughout war and crises."[20] Karl Schwanzer's furniture for the canteen, on the other hand, pursued a different strategy of addressing a more popular furniture tradition by making very deliberate references to the tastefully simple interiors of rural hostelries and wine taverns. In addition to an overall appearance based on the typical "farmhouse chair"[21], which had spread widely since the late renaissance, the characteristic formal elements of this simple nut and larchwood chair include inclined legs that gently taper downwards and pass through the seat before being wedged into place and a slightly curved backboard that penetrates the seat and is crowned by a horizontal nutwood crosspiece, whose sharp ends almost recall cattle horns – an original solution that replaces the ornamental carving common to the backrests of the farmer's chairs of the Alpine Region.

Schwanzer's preoccupation with the typology of the rural farmhouse chair can certainly be identified as belonging to a 'modern' Austrian tradition: As early as 1900 the vernacular culture of the multi-ethnic state was already an important source of inspiration for many artists, craftsmen and architects as they renewed the art-and-crafts tradition: not least because popular peasant art and folklore provided inspiration for the shaping of the national styles with which the various ethnic groups of the crown lands sought to underline their cultural independence

österreichische – also Wiener – Tradition „über Krieg und Krisen hinweg erhalten und wirksam geblieben ist."[20] Karl Schwanzers Möblierung für die Kantine verfolgte dagegen eine andere Strategie: Es handelte sich dabei um eine Auseinandersetzung mit volkstümlichen Vorbildern, die sich ganz bewusst auf die gediegen-einfachen Einrichtungen ländlicher Wirtshausstuben und Heurigenlokale bezog. Neben dem Gesamterscheinungsbild der einfachen Sessel aus Nuss- und Lärchenholz, die auf dem typischen, seit der Spätrenaissance verbreiteten „Bauernstuhl"[21] basieren, wären hier als charakteristische formale Elemente die schräggestellten, sich nach unten leicht verjüngenden, durch die Sitzfläche gesteckten und verkeilten Beine sowie das leicht gebogene, die Sitzfläche durchstoßende Rückenbrett zu nennen, das oben durch einen quer stehenden, an den Enden spitz zulaufenden und damit gleichsam an Rinderhörner erinnernden Steg aus Nussholz bekrönt wird – eine originelle Lösung, die an diesem Sessel das an Rückenlehnen der Bauernstühle des Alpenraums meist übliche Ornament-Schnitzwerk ersetzt.

Schwanzers Beschäftigung mit dem Typus des ländlichen Bauernstuhls kann durchaus in eine ‚moderne' österreichische Traditionslinie gestellt werden: Schon um 1900 diente die vernakulare Kultur des Vielvölkerstaats vielen Künstlern, Kunsthandwerkern und Architekten als bedeutende Inspirationsquelle bei der Erneuerung des Kunstgewerbes: Nicht zuletzt ermöglichte bäuerliche Volkskunst und Folklore Ansätze für die Gestaltung der jeweiligen Nationalstile, mit denen die verschiedenen ethnischen Gruppierungen der Kronländer ihre kulturelle Unabhängigkeit von den Habsburgern und der Hauptstadt Wien zur Geltung bringen wollten. Vergleichbares ließ sich nach dem Ersten Weltkrieg auch in den nord- und zentralalpinen Gegenden Österreichs beobachten, etwa in Tirol, wo es in der Zwischenkriegszeit zu einer Hochkonjunktur des Hotel- und Gaststättengewerbes kam. Im Zuge der notwendigen Neubauten für den wachsenden Fremdenverkehr besann man sich auf die alpenländische Tradition der Stube, die von Architekten wie Clemens Holzmeister, Franz Baumann oder Wilhelm Stigler aber durchaus modern aufgefasst wurde: Für zahlreiche Gast-, Amts- und Wohnstuben ebenso wie für Hotelfoyers und Warteräume wurde damals Mobiliar entworfen, in dem sich die rustikale Bequemlichkeit und Gemütlichkeit ländlicher Wohnräume mit der zurückhaltenden Finesse und Funktionalität fortschrittlicher Innenraumgestaltung verband.

Genau eine solche bodenständige Modernität, wie sie bei den alpinen Architektenmöbeln der Zwischenkriegszeit zu finden war, scheint Schwanzer mit seinem Entwurf für die nationale Selbstdarstellung in Brüssel 1958 nochmals geltend gemacht zu haben. Vor allem durch die individuelle Ausprägung des Rückenbretts gelang es ihm, die Vorbilder der bäuerlich-ländlichen Kultur mit der großstädtischen Perspektive eines zeitgenössischen Architekten zu verbinden und ein originell gestaltetes und im besten Sinne ‚brauchbares' Möbel

S) Publikumssitze von Karl Schwanzer (vorne) und Sessel für die Musiker von Norbert Schlesinger (hinten), Tonstudio des Österreichischen Pavillons, Foto: Maria Wölfl, Wien

Chairs for the public by Karl Schwanzer (in the front) and for the musicians by Norbert Schlesinger (in the background), recording studio of the Austrian Pavilion, Photo: Maria Wölfl, Vienna

T) Sessel für Musiker von Norbert Schlesinger, Foto: Stefan Olàh, Wien

Chair for musicians by Norbert Schlesinger, Photo: Stefan Oláh, Vienna

S)

from the Habsburgs and from Vienna, the capital city. A similar phenomenon can be observed after the First World War in such northern and central alpine regions of Austria as Tyrol, where the hotel and restaurant trade boomed between the wars. While many of the buildings required to meet the growing visitor numbers addressed the traditional alpine parlour, architects such as Clemens Holzmeister, Franz Baumann and Wilhelm Stigler did so in a thoroughly modern manner: Furniture was developed for countless restaurants, offices and parlours, as well as for hotel foyers and waiting rooms, which combined the rustic comfort and cosiness of rural living spaces with the restrained finesse and functionality of progressive interior design.

It is precisely this down-to-earth modernity of the alpine architect-designed furniture of the interwar years that Schwanzer appears to have reasserted in his design for the national self-promotion in Brussels in 1958. His individual interpretation of the backrest is the clearest proof of his successful integration of elements taken from rural peasant culture into the urban perspective of a contemporary architect as he seeks to create an original and yet, in the best sense of the word, 'useful' piece of furniture. With his simple and modern and, at the same time, comfortable and traditional furniture Schwanzer was finally able to use the topos of Austrian cosiness in his Expo pavilion while still proclaiming his aesthetic cosmopolitanism: The solid furniture of the canteen with its reduced formal language – and this applies not only to the chairs but also to the tables, the corner bench and the coat rack – lends the Austrian Pavilion in Brussels an air of restraint and objectivity while, at the same time, making it feel neither uncomfortable nor even undercooled.

Hence, as simple, autonomous and modern furniture – despite all its references to tradition – the interior of the canteen also offered an alternative to the richly ornamented and kitsch parlour furniture that was already widespread in the tourist centres of the Alpine Region and has since become central to the nostalgic cliché of rural comfort: As William M. Johnston cautiously suggested in his intellectual and social history of Austria, after 1945 the provinces ensured that "alpine folklore" was given precedence over the "cosmopolitan" inheritance of the Danube Monarchy.[22] In this context, it is important not to overrate Schwanzer's canteen – but in view of the mostly heavy-handed "I am from Austria" clichés employed in the political and economic marketing of the country in the past few decades the national self-promotion of 1958 appears almost subtle.

### Postscript: An Essential Comment on Political Bridge Building in 2018

The "Austrian mission", to establish a "political, economic and cultural bridge" between north and south, east and west," which was proclaimed at the time by the pavilion itself and the

zu schaffen. Mit seiner schlichten und modernen, zugleich aber bequemen und traditionsbezogenen Möblierung konnte Schwanzer für seinen Expo-Pavillon letztlich auch den Topos österreichischer Gemütlichkeit in Anspruch nehmen und zugleich ästhetisch Weltoffenheit bekunden: Die in ihrer Formensprache reduzierte, solide Möblierung der Kantine – und das gilt neben den Sesseln ebenso für die Tische, die Eckbank und die Garderobe – vermittelte im Rahmen des Österreichischen Pavillons in Brüssel Zurückhaltung und Sachlichkeit, ohne unbehaglich oder gar unterkühlt zu wirken.

Als einfache und – bei aller Traditionsbezogenheit – eigenständige und moderne Möblierung bot die Kantineneinrichtung damit auch eine Alternative zu den ornament- und kitschbeladenen Stubenmöbeln, die bereits damals in den touristischen Zentren des Alpenraums Verbreitung fanden und seither auf das nostalgische Klischee ländlicher Gemütlichkeit abonniert sind: Wie es William M. Johnston in seiner Österreichischen Kultur- und Geistesgeschichte zurückhaltend formulierte, hatten die Bundesländer in den Jahren nach 1945 dafür gesorgt, dass „alpine Folklore" über das „kosmopolitische" Erbe der Donaumonarchie gestellt wurde.[22] Schwanzers Kantine soll hier keinesfalls überbewertet werden – aber angesichts der überwiegend plumpen „I am from Austria"-Klischees in der politischen und wirtschaftlichen Vermarktung Österreichs der letzten Jahrzehnte erscheint die nationale Repräsentation von 1958 geradezu subtil.

Nachtrag: Eine notwendige Anmerkung zum politischen Brückenbau von 2018

Die seinerzeit durch den Pavillon selbst und die einzelnen Ausstellungsbereiche proklamierte „österreichische Mission", eine „politische, wirtschaftliche und kulturelle Brücke zwischen Nord und Süd, Ost und West" zu bilden, hatte sich eine verantwortungsvolle und im besten Sinne humanitäre Aufgabe auf die Fahnen geschrieben.[23] Selbst der Kindergarten sollte in dieser Hinsicht „den Beweis liefern, daß es zwischen Kindern verschiedenster Sprachen und verschiedenster Hautfarben keine Ressentiments und Vorurteile, sondern nur echte Menschlichkeit gibt."[24] Kaum sechzig Jahre nach der Expo 58 scheint diese „österreichische Mission" freilich kaum noch Relevanz zu besitzen, wie aus aktuellem Anlass leider konstatiert werden muss: Zwar wird von der rechtskonservativen Regierung auch gegenwärtig das Denkbild des Brückenbauens beschworen – insbesondere wieder anlässlich von Österreichs drittem EU-Ratsvorsitz[25] –, *de facto* herrscht nach der medienwirksamen „Schließung der Mittelmeeroute" aber längst eine Politik der Ausgrenzung: abgeriegelte Grenzen statt weltoffenem, humanitärem Brückenschlag! So droht sich im Österreich des Jahres 2018 eine menschenverachtende Politik zu etablieren, der es bereits gelungen ist, selbst das Konzept des Asyls in einen Straftatbestand umzudeuten und Flüchtlinge überwiegend als „illegal" einzustufen. Wie Hohn müsste

T)

various sections of the exhibition, represented a commitment to a highly responsible and, in the best sense, humanitarian role. In this respect even the kindergarten should "deliver the proof that between children with the widest range of mother tongues and skin colours one finds neither resentment nor prejudice and nothing but genuine humanity."[24] Barely sixty years after Expo 58 one has to admit that, in the light of current events, this "Austrian mission" appears largely irrelevant: For while the right-wing conservative government continues to invoke the notion of building bridges – especially in the context of Austria's third EU Presidency[25] – the reality is that the attention-grabbing "closure of the Mediterranean Route" underlines the extent to which the politics of exclusion has long been in the ascendancy: closed borders instead of cosmopolitan, humanitarian bridge building! Hence, today's Austria is threatened by the entrenchment of an inhuman politics, which has already succeeded in redefining the notion of asylum as a criminal offence and categorising most refugees as "illegal". The result of this is that attempts by representatives of this government to claim bridge building for itself while cutting social services and withdrawing the safety net from foreigners living in Austria and to state that their "concern for people" is the "focus of their social endeavours" and that "their social legislation is exemplary" – as set out in 1958 in the brochure that accompanied the exhibition in Brussels – can only be met with scorn.[26] In the spirit of neoliberalism, current 'bridges' are largely being built at the expense of the poor, of minorities and of asylum seekers – and come to an end at the borders of the alpine fortress Austria.

es daher anmuten, wollten die Vertreter dieser Regierung, die den Brückenbau für sich in Anspruch nehmen, während sie Sozialabbau betreiben und in Österreich lebenden Ausländern die Mindestsicherung streichen, heute noch behaupten, dass die „Sorge um den Menschen" im „Mittelpunkt der gesellschaftlichen Bemühungen" stehe und „die soziale Gesetzgebung vorbildlich" sei, wie es 1958 in der Begleitbroschüre zur Ausstellung in Brüssel zu lesen war.[26] Die aktuellen ‚Brücken' werden im Sinne des Neoliberalismus vor allem auf Kosten der Armen, der Minderheiten und der Asylbewerber errichtet – und enden an den Grenzen der Alpenfestung Österreich.

1) *Österreich. Weltausstellung Brüssel 1958*, hrsg. v. d. Geschäftsstelle des Regierungskommissärs f. d. Weltausstellung Brüssel 1958, Wien 1958 (o. A. / o. S.).

2) Manfred Mautner Markhof: „Der Österreich-Pavillon auf der Weltausstellung Brüssel 1958", in: *Österreich. Weltausstellung Brüssel 1958*, hrsg. v. Wirtschaftsförderungsinstitut der Bundeskammer der gewerblichen Wirtschaft, Wien 1959, o. S.

3) Vgl. Iris Meder u. a. (Hg.): *Lifting the Curtain. Architekturnetzwerke in Mitteleuropa*, Salzburg / Wien / Berlin 2015, S. 33.

4) Vgl. Renate Schleifinger: „Österreichische Baukunst auf der Brüsseler Weltausstellung 1958", in: *alte und moderne kunst. Österreichische Zeitschrift für Kunst, Kunsthandwerk und Wohnkultur*, H. 9/10, 1958, S. 4–5, 4.

5) Mautner Markhof, wie Anm. 2.

6) Ebd.

7) In den Ausstellungsbereichen waren zudem Varianten ohne Untergestell als Einbaumöbel unmittelbar an den Wänden angebracht.

8) Von wenigen Ausnahmen abgesehen, hatten es die österreichischen Möbelentwerfer bis zum Zweiten Weltkrieg nicht für notwendig erachtet, die tradierte Herstellungsweise von Tischlermöbeln durch eine grundlegende technologische Neuerung zu ‚revolutionieren'. Das berühmte ironische Diktum des Architekten Josef Frank, der sich in seinem 1931 erschienenen Buch „Architektur als Symbol" vehement gegen Stahlrohrmöbel und den zunehmenden Einfluss einer Bauhaus-Ästhetik verwehrt hatte, kann dafür als symptomatisch gelten: „Stahl ist kein Material, sondern eine Weltanschauung. [...] Der Gott, der Eisen wachsen ließ, der wollte keine Holzmöbel." Josef Frank: *Architektur als Symbol. Elemente deutschen neuen Bauens* (1931), Wien 2005, S. 132 f.

9) Vgl. etwa Tulga Beyerle, Karin Hirschberger (Hg.): *Designlandschaft Österreich 1900–2005*, Basel / Boston / Berlin 2006, S. 139. 2016 wurde das Brüsseler Expo-Polstermöbel neben anderen Entwürfen Karl Schwanzers von der Firma Braun-Lockenhaus wieder in Produktion genommen: https://www.braunlockenhaus.at/fileadmin/braunlockenhaus.at/Downloads_BRAUN/Kollektion58_Karl_Schwanzer_BRAUN_web.pdf (Eingesehen im Juli 2018).

10) Vgl. Eichinger oder Knechtl: *Design Now.Austria*, Wien 1999, S. 25.

1) *Österreich. Weltausstellung Brüssel 1958*, published by the Geschäftsstelle des Regierungskommissärs for the Brussels World's Fair 1958, Vienna 1958, n. p.

2) Manfred Mautner Markhof: "Der Österreich-Pavillon auf der Weltausstellung Brüssel 1958", in: *Österreich. Weltausstellung Brüssel 1958*, ed. by the Wirtschaftsförderungsinstitut der Bundeskammer der gewerblichen Wirtschaft, Vienna 1959, n. p.

3) See Iris Meder et al. (eds.): *Lifting the Curtain. Architekturnetzwerke in Mitteleuropa*, Salzburg / Vienna / Berlin 2015, p. 33.

4) See Renate Schleifinger: "Österreichische Baukunst auf der Brüsseler Weltausstellung 1958", in: *alte und moderne kunst. Österreichische Zeitschrift für Kunst, Kunsthandwerk und Wohnkultur*, Issue 9/10, 1958, pp. 4–5, 4.

5) Mautner Markhof, see note 2.

6) Ibid.

7) In addition to this, variants without a base were fixed directly to the wall as built-in furniture in sections of the exhibition.

8) With very few exceptions, Austrian furniture designers before the Second World War had not felt the need to 'revolutionise' the traditional production methods of joiner-made furniture through some form of fundamental technological renewal. The well-known ironic dictum of the architect Josef Frank who, in his 1931 book "Architecture as symbol", vehemently rejected tubular steel furniture and the increasing influence of the Bauhaus aesthetic, can be seen as symptomatic thereof: "Steel is not a material but a way of seeing the world. [...] The God, who allowed iron to grow, didn't want wooden furniture." Josef Frank: *Architektur als Symbol. Elemente deutschen neuen Bauens* (1931), Vienna 2005, p. 132 f.

9) See, for example, Tulga Beyerle, Karin Hirschberger (eds.): *A Century of Austrian Design 1900–2005*, Basel / Boston / Berlin 2006, p. 139. In 2016 the company Braun-Lockenhaus recommenced production of the upholstered furniture from the Brussels Expo and other designs by Karl Schwanzer. https://www.braunlockenhaus.at/fileadmin/braunlockenhaus.at/Downloads_BRAUN/Kollektion58_Karl_Schwanzer_BRAUN_web.pdf (retrieved July 2018).

10) See Eichinger oder Knechtl: *Design Now.Austria*, Vienna 1999, p. 25.

11) See without author: "Das Österreichische Musikstudio auf der Brüsseler Weltausstellung", in: *alte und moderne kunst. Österreichische Zeitschrift für Kunst, Kunsthandwerk und Wohnkultur*, Issue 7/8, 1958, pp. 20–21, 20.

12) Ibid.

13) See also Sebastian Hackenschmidt: "'Sitzen 69'" revisited. Österreichisches Möbeldesign in den Swinging Sixties", in: *Die 60er. Beatles, Pille und Revolte*, exhibition catalogue, Schallaburg 2010, pp. 116–125.

14) See David Revere McFadden: "Scandinavian Modern: A Century in Profile", in: *Scandinavian Modern Design 1880–1980*, exhibition catalogue, Cooper-Hewitt Museum, New York 1982, pp. 11–23, 13 f.

15) Just 120 examples of Schlesinger's Expo chair were produced from pear wood and a black-and-white patterned handwoven woollen cloth in collaboration with the joiner Anton Bolek jun., the textile artist Grete Dallner-Malmros and the upholsterer Karl Andel; meanwhile Schlesinger's design was not only part of the tradition of manually produced joiner's furniture but, with its design adapted to the needs of musicians, also belonged to the category of furniture notable for "the novelty of the formal solution". See Franz Windisch-Graetz: Introduction, in: *Sitzen 69*, exhibition catalogue, Austrian Museum of Applied Arts, Vienna 1969, n. p.

16) Many of the older artists such as Max Fellerer, Oswald Haerdtl, Julius Jirasek, Otto Niedermoser or Franz Schuster, who were retired or had already passed away, had studied with personalities such as Oskar Strnad, Josef Hoffmann or Clemens Holzmeister before they themselves later became professors at one of these institutions where they could pass on their skills to a younger generation of architects including Wilhelm Amberger, Carl Auböck, Wolfgang Haipl, Helmut Otepka or Peter Payer. Norbert Schlesinger, Johannes Spalt, Ernst Plischke, Roland Rainer, Carl Appel, Eugen Wörle, Karl Mang and – as the only women – Anna-Lülja Praun and Heidemarie Leitner also had links with the above-named institutions as former students or teachers and were represented by at least one piece in the exhibition.

17) Windisch-Graetz, see note 15. See also: Sebastian Hackenschmidt: "Handwerkliche Typisierung: Die Wiener Möbelkultur zwischen Tischlerkultur und Massenproduktion", in: *Josef Frank – Against Design. Das antiformalistische Werk des Architekten*, exhibition catalogue, Austrian Museum of Applied Arts, Vienna / Basel 2016, pp. 172–183, 182.

11) Vgl. o. A.: Das Österreichische Musikstudio auf der Brüsseler Weltausstellung, in: *alte und moderne kunst. Österreichische Zeitschrift für Kunst, Kunsthandwerk und Wohnkultur*, H. 7/8, 1958, S. 20–21, 20.

12) Ebd.

13) Vgl. dazu auch Sebastian Hackenschmidt: „‚Sitzen 69' revisited. Österreichisches Möbeldesign in den Swinging Sixties“, in: *Die 60er. Beatles, Pille und Revolte*, Ausst.-Kat. Schallaburg 2010, S. 116–125.

14) Vgl. David Revere McFadden: „Scandinavian Modern: A Century in Profile“, in: *Scandinavian Modern Design 1880–1980*, Ausst.-Kat. Cooper-Hewitt Museum, New York 1982, S. 11–23, 13 f.

15) Schlesingers Expo-Sessel wurde in einer Stückzahl von nur 120 Exemplaren in Zusammenarbeit des Tischlers Anton Bolek jun., der Textilkünstlerin Grete Dallner-Malmros und dem Tapezierer Karl Andel aus Birnholz und einem schwarz-weiß gemusterten, handgewebten Wollstoff hergestellt; indes stand Schlesingers Entwurf nicht allein in der Tradition handwerklich erzeugter Tischlermöbel, sondern fiel mit seiner den Bedürfnissen der Musiker angepassten Gestaltung zugleich in die Kategorie derjenigen Möbel, „die durch die Neuartigkeit der formalen Lösungen“ hervorstachen. Vgl. Franz Windisch-Graetz: Einführung, in: *Sitzen 69*, Ausst.-Kat. Österreichisches Museum für angewandte Kunst, Wien 1969, o. S.

16) Viele der Älteren, bereits Verstorbenen oder im Ruhestand Befindlichen wie Max Fellerer, Oswald Haerdtl, Julius Jirasek, Otto Niedermoser oder Franz Schuster hatten selbst noch bei Persönlichkeiten wie Oskar Strnad, Josef Hoffmann oder Clemens Holzmeister studiert und waren später ihrerseits als Professoren an einer dieser Einrichtungen tätig gewesen, wo sie ihre Fertigkeiten einer jüngeren Generation von Architekten und Entwerfern – etwa Wilhelm Amberger, Carl Auböck, Wolfgang Haipl, Helmut Otepka oder Peter Payer – weitergeben konnten. Auch Norbert Schlesinger, Johannes Spalt, Ernst Plischke, Roland Rainer, Carl Appel, Eugen Wörle und Karl Mang sowie – als einzige Frauen – Anna-Lülja Praun und Heidemarie Leitner hatten als ehemalige Studenten oder als Lehrkräfte Verbindungen zu den genannten Hochschulen und waren mit mindestens einem Exponat in der Ausstellung vertreten.

17) Windisch-Graetz, wie Anm. 15. Vgl. dazu auch: Sebastian Hackenschmidt: „Handwerkliche Typisierung: Die Wiener Möbelkultur zwischen Tischlerkultur und Massenproduktion“, in: *Josef Frank – Against Design. Das antiformalistische Werk des Architekten*, Ausst.-Kat. Österreichisches Museum für Angewandte Kunst, Wien / Basel 2016, S. 172–183, 182.

18) Windisch-Graetz, wie Anm. 15. Zu einer anderen Einschätzung der Rolle Franks für das skandinavische Design kommt Jan Norrman: „Schwedisches Möbeldesign 1930–1960 und Josef Frank“, in: *Josef Frank – Against Design*, wie Anm. 17, S. 316–335.

19) Vgl. Vera J. Behal: „Der ‚Wiener Stil‘“, in: Dies.: *Möbel des Jugendstils. Sammlung des Österreichischen Museums für angewandte Kunst*, München 1981, S. 9–15, 15. Vgl. auch Joseph August Lux: „Biedermeier als Erzieher“, in: *Hohe Warte*, 1. Jg. 1904/05, S. 145–155.

20) Windisch-Graetz, wie Anm. 15.

21) Vgl. Robert Schmidt: *Möbel. Ein Handbuch für Sammler und Liebhaber*, Berlin [5]1922, S. 127.

22) William M. Johnston: *Österreichische Kultur- und Geistesgeschichte. Gesellschaft und Ideen im Donauraum 1948 bis 1938* (1972), Wien / Köln / Weimar [3]1992, S. 90.

23) Mautner Markhof, wie Anm. 2.

24) Ernst Kothbauer: „Eine Brücke zu allen Nationen. Der österreichische Kindergarten auf der Brüsseler Weltausstellung“, in: *alte und moderne kunst. Österreichische Zeitschrift für Kunst, Kunsthandwerk und Wohnkultur*, H. 9/10, 1958, S. 6–7, 6.

25) „Ihre Funktion als Brückenbauer betont die österreichische Bundesregierung immer wieder gern.“, in: o. A.: Brückenbau mit Hindernissen. Österreichs dritter EU-Ratsvorsitz nach 1998 und 2006 steht im Zeichen von Migration, Brexit und EU-Budgetdebatten, *Wiener Zeitung*, Nr. 126, 30. Juni / 1. Juli 2018, S. 1.

26) *Österreich. Weltausstellung Brüssel 1958*, wie Anm. 1.

18) Windisch-Graetz, see note 15. An alternative assessment of Frank's contribution to Scandinavian design is offered by Jan Norrman: "Schwedisches Möbeldesign 1930–1960 and Josef Frank", in: *Josef Frank – Against Design*, see note 17, pp. 316–335.

19) See Vera J. Behal: "Der 'Wiener Stil'", in Behal: *Möbel des Jugendstils. Sammlung des Österreichischen Museums für angewandte Kunst*, Munich 1981, pp. 9–15, 15. See also Joseph August Lux: "Biedermeier als Erzieher", in: *Hohe Warte*, Year 1 1904/05, pp. 145–155.

20) Windisch-Graetz, see note 15.

21) See Robert Schmidt: *Möbel, Ein Handbuch für Sammler und Liebhaber*, Berlin [5]1922, p. 127.

22) William M. Johnston: *The Austrian Mind. An Intellectual and Social History 1848–1938*, Berkeley 1972, p. 75.

23) Mautner Markhof, see note 2.

24) Ernst Kothbauer: "Eine Brücke zu allen Nationen. Der österreichische Kindergarten auf der Brüsseler Weltausstellung", in: *alte und moderne kunst. Österreichische Zeitschrift für Kunst, Kunsthandwerk und Wohnkultur*, Issue 9/10, 1958, pp. 6–7, 6.

25) "The Austrian Government repeatedly – and happily – emphasises its role as a builder of bridges," in: "Brückenbau mit Hindernissen. Österreichs dritter EU-Ratsvorsitz nach 1998 und 2006 steht im Zeichen von Migration, Brexit und EU-Budgetdebatten", *Wiener Zeitung*, No. 126, 30th June / 1st July 2018, p. 1 (without author).

26) *Österreich. Weltausstellung Brüssel 1958*, see note 1.

# Spuren in die Zukunft

## Fragen an drei Generationen

Moderation: Sophie Menasse

OK Otto Kapfinger
ML Michaela Lindinger
LK Laura Karasinski
TL Therese Leick

„Das Heute setzt die Absage liebgewordener Gewohnheiten des Gestern voraus. Nur die Entrümpelung des Bewusstseins gibt frische ungebundene Kraft, Neues zu schaffen.“
Karl Schwanzer

Dem kreativen, innovativen Geist wohnt eine gewisse Missachtung des Alten inne, denn es soll, es muss ja Neues geschaffen werden. Gleichzeitig hofft jeder künstlerisch tätige Mensch, dass gerade die eigenen Werke in diesem Kreislauf der Erneuerung eine Ausnahme bilden und fortbestehen.

Was bleibt? Was verschwindet? Welche Spuren hinterlässt der Mensch als *homo faber*? Wie wichtig sind Innovation auf der einen, Denkmalpflege auf der anderen Seite? Wie radikal wollen wir sein? Wie konservativ sollen wir sein? Worin besteht die gesellschaftliche Rolle der Architektur? Was wäre ein zeitgemäßer Schönheitsbegriff? Wie möchten wir in Zukunft leben?

Fragen wie diese hat Sophie Menasse an drei Generationen gestellt: Durch Zitate aus seinen hinterlassenen Texten kommt Karl Schwanzer selbst zu Wort – sie sind Spuren seiner Haltung und lassen seine Antworten erahnen. Eine Generation später suchen Otto Kapfinger (Architekturhistoriker, ehemaliger Student und Mitarbeiter Schwanzers) und Michaela Lindinger (Historikerin, Kuratorin am Wien Museum) Antworten auf dieselben Fragen. Als Vertreterinnen der nächsten Generation formulieren Laura Karasinski (Interior-Designerin, Gestalterin, Grafikerin) und Therese Leick (Architektin, Gründungsmitglied des interdisziplinären Künstlerkollektivs TAB) ihre Standpunkte. Die beiden Gespräche fanden im Juli 2018 statt und wurden von Sophie Menasse moderiert.

Die Zitate Karl Schwanzers sind folgenden, von ihm selbst herausgegebenen Werken entnommen: *Architektur aus Leidenschaft*, Wien / München 1974; *modul.* Werkbericht 8/1975.

# Traces into the Future

## Questions for Three Generations

Moderation: Sophie Menasse

OK Otto Kapfinger
ML Michaela Lindinger
LK Laura Karasinski
TL Therese Leick

“One requirement of today is the rejection of the cherished habits of yesterday. Only by cleansing our consciousness can we find the fresh and unbounded energy to create the new.”
Karl Schwanzer

A certain disregard for the old is inherent to the creative, innovative spirit because the new should, indeed must, be created. At the same time, every artistically active person hopes that it is the longevity of their own work that will provide the exception to this continuous cycle of renewal.

What remains? What disappears? Which traces do we as *homo faber* leave behind? How important are innovation on the one hand, conservation on the other? How radical do we want to be? How conservative should we be? What is the societal role of architecture? What would be a contemporary concept of beauty? How do we want to live in the future?

Sophie Menasse has put these and similar questions to three generations: Quotations from the texts he left behind enable Karl Schwanzer to speak for himself – these are traces of his approach and offer us a hint of his answers. A generation later Otto Kapfinger (architectural historian and former student and colleague of Schwanzer) and Michaela Lindinger (historian and curator at the Wien Museum) seek answers to the same questions. And Laura Karasinski (interior designer, designer and graphic designer) and Therese Leick (architect and founding member of the interdisciplinary artists' collective TAB) offer their perspectives as representatives of the next generation. The two conversations took place in July 2018 and were moderated by Sophie Menasse.

The quotations from Karl Schwanzer are taken from the following, self-published works: *Architektur aus Leidenschaft*, Vienna / Munich 1974; *modul.* Work Report 8/1975.

1. Karl Schwanzer

I.

Das ist der Auftrag, den wir von der Geschichte bekommen haben, genauso wie in der Vergangenheit: daß wir als *Architekten auch Spuren* hinterlassen sollen, wollen und auch gerne tun.

Wenn längst die ursprüngliche Nutzung eines schönen Baues untauglich geworden und sich überholt hat, steht das Gebäude noch immer da und erfreut uns.

II.

Leben heißt in die *Zukunft* schreiten. Daher muß die Sorge um den *Denkmalschutz* sich auch um das Morgen bemühen, vor allem durch Schaffung von Vertrauen in die Kraft der Künstler von heute.

Wir Architekten von heute können doch der *Mumifizierung unserer Städte* nicht tatenlos zusehen. Wir müssen uns doch unseres Auftrages als Baukünstler des ‚Heute' bewußt sein.

III.

*Die Jugend braucht neue Ziele* und muß zu neuen Leistungen herausgefordert werden. [...] Wenn die Flucht in die Revitalisierung alter Werte Ausdruck eines *Minderwertigkeitskomplexes* gegenwärtiger Kreativität ist, so zeigt dies ein alarmierendes Schwächezeichen unserer Epoche.

Die *Angst vor der eigenen Courage* ist oft eine große Hemmung.

IV.

Architektur ist plastisch, sie hat Form, ist Form, mit der Form teilen wir uns mit, genauso wie durch Farbe, Düfte, Töne, Strahlungen und das rätselhafte Fühlen von Sympathie.

Architektur erzeugt Stimmungen. Die Architekten besitzen damit ein Instrument, Menschen glücklich zu machen. Ob ein Haus gemütlich, wohnlich ist, ein Gebäude strahlend, einladend, eine Stadt schön (dadurch lebenswert), liegt in den Händen der Architekten. *Die Architektur ist materialisierte Poesie.* Das Bauen ist kalter Journalismus.

V.

Das Verlangen nach *Schönem* ist unbestimmt, unsicher, erscheint geradezu suspekt und reaktionär.

Schönheit in der Architektur aber scheint *nicht zeitgemäß* zu sein. ‚Zweckmäßig', wirtschaftlich und billig ist die vorrangige Forderung. Die Zweckmäßigkeit allein aber macht *nicht glücklich*. Das erkennen wir allmählich an den Resultaten, unseren monotonen neuen Städteanlagen. Utilitarismus kann dem Leben keine Inhalte geben. Es ist doch mehr ‚wert'. Und dieser ‚Mehrwert' fehlt den Bauten von heute.

Wir wollen wieder uns bewußt werden, was die Schönheit unserer künstlichen Umwelt bedeutet, eine Schönheit, die wieder Wertbegriff werden muß, wenn menschliches Wirken seinem Schöpfungsauftrag gerecht werden soll.

VI.

Wenn man sich entschlossen hat, Architekt zu sein, muß man den Mut aufbringen, *Visionen* erfüllen zu wollen.

Die Bildung eines Planers kann weder auf die strenge Disziplin der Realität noch auf das Phänomen des Phantastischen verzichten.

Planen heißt *Optimismus* im Sinne von freundlicher Verbesserung. Und dies bewußt zu machen, ist eigentlich die Aufgabe der Architekten.

Planung enthält in sich den *Blick in die Zukunft*. Nichtexistentes soll gedacht, kreiert, erfunden, gefunden werden. Der Entwurf, Prozeß des Findens, Erfindens, Gestaltwerdens ist die

1. Karl Schwanzer

I.

This is the task that history has bestowed upon us, just as it was bestowed upon others in the past: that we as *architects should also leave traces*, want to leave traces and do so with pleasure.

When a beautiful building has long since become unsuitable for its original purpose and is obsolete, it still continues to stand there and delight us.

II.

Life means taking a step into the *future*. This is why our preoccupation with *conservation* must also think about tomorrow, most particularly by building trust in the power of the artists of today.

Surely we, the architects of today, cannot stand idly by, watching the *mummification of our cities*. We have to be aware of our role as the builders of 'today'.

III.

*The young need new goals* and must be challenged to accomplish new feats. [...] If the retreat to the revival of old values is the expression of an *inferiority complex* of contemporary creativity, this is an alarming illustration of the weakness of our age.

The *fear of one's own courage* is often a major inhibition.

IV.

Architecture is sculpture, it has form, it is form and we communicate through this form, just as we do through colour, fragrance, tone, radiance and the mysterious experience of sympathy.

Architecture creates moods. It is a tool with which architects can make people happy. Whether a house is comfortable and cosy, a building radiant and inviting, a city beautiful (and hence liveable), is in the hands of architects. *Architecture is materialised poetry*. Building is cold journalism.

V.

The desire for *beauty* is vague, uncertain and appears almost suspect and reactionary.

But beauty in architecture appears to be *at odds with modernity*. 'Functional', economic and cheap are the predominant requirements. But functionality alone *cannot bring happiness*. We are gradually realising this as we see the result, the monotony of our new cities. Utilitarianism cannot give life any substance. Surely life is 'worth' more. And today's buildings lack this 'added value'.

We want to rekindle awareness of the importance of beauty for our man-made environment, a beauty that must once again become a byword for value if human endeavour is to do justice to its creative mandate.

VI.

If someone has decided to be an architect, they must summon up the courage to want to realise *visions*.

The education of the planner can forego neither the harsh discipline of reality nor the phenomenon of fantasy.

Planning denotes *optimism* in the sense of gentle improvement. And raising awareness of this is the true role of architects.

Planning includes a *glance into the future*. That which doesn't exist should be imagined, created, invented, discovered. Designing, the process of discovering, inventing, shaping is the decisive phase of planning. The design determines, anticipates, decides the future. *Looking to the future also belongs*

entscheidende Phase des Planens. Mit dem Entwurf wird Künftiges bestimmt, vorweggenommen, entschieden. *Das Schauen in die Zukunft gehört also zum Metier des Entwerfers.* Künftige Entwicklungen muß er voraussehen, ahnen, intuitiv erfassen.

VII.

Diese Freiheit und Unbekümmertheit des Ausdrucks muß der Architekt nach seiner schulischen Ausbildung wieder neu entdecken. Die Kraft zur Befreiung von Regeln und Gesetzen muß er sich erkämpfen, ohne diese grundsätzlich zu verwerfen. Die Anwendung von festgelegten Normen darf nur nicht seine ursprüngliche Schöpferkraft mindern. Das Wissen ist als Werkzeug zu verwenden und nicht als Einengung der Intuition durch Disziplinen.

Meine ‚Spezialisierung' ist die *Mehrgleisigkeit, die ins Weite* führt.

## 2. Otto Kapfinger / Michaela Lindinger

### I. Spuren

ML Menschen verschwinden. Das ist das Erste, was verschwindet. Die Aufgabe von uns HistorikerInnen ist es, zu erkunden, was geblieben ist. Musik bleibt, Architektur bleibt in Resten, Kleidung verschwindet zur Gänze, Alltagsgegenstände verschwinden – und tauchen dann wieder auf. Es heißt ja immer, die alten Müllhaufen sind für die ArchäologInnen das Allerwichtigste.

OK Architektur ist sicher eine sehr nachhaltige Spur. Im Vergleich zur Musik zum Beispiel besteht die Architektur materiell gesehen sehr lange. Aber die Musik bleibt vielleicht trotzdem länger, obwohl sie materiell quasi inexistent ist.

ML Wir Museumsleute suchen natürlich intensiv nach Spuren in der Stadt. Wir schauen, welche Menschen in der Stadt welche Spuren hinterlassen haben und überlegen, wie wir mit diesen Spuren umgehen. Was bleibt übrig als eine Art von menschlichem Manifest – in einem Bild, in einer Skulptur, in einem Musikstück? Wenn etwa die Wohnung einer wichtigen Persönlichkeit erhalten geblieben ist, stellt sich immer die Frage: Gibt es einen *genius loci*? Das meine ich auch mit Spur: eine ideelle Spur. Spürt man den Menschen dort noch oder nicht?

OK Ich finde folgende Fragen interessant, wenn wir über Karl Schwanzer reden: Wo kommt er her? Und inwiefern hat er sich von Entwicklungen der Zeit abgehoben, sich zu ihnen in Kontrast gesetzt? Wo ist er sozusagen wirklich auf der Spur und wo trägt es ihn aus der Spur? Das fände ich wert zu erzählen.
Der Zweite Weltkrieg hat seine Spuren bis zum Stephansdom gezogen, wo 1945 alles in Schutt und Asche lag. Es war die ‚Stunde Null', die Zukunft war in jeder Hinsicht offen. Es ging

*to the metier of the designer*. He must predict, foresee and intuitively capture future developments.

VII.

After completing his academic training the architect must rediscover this freedom and nonchalance of expression. He must strive to gain the strength to liberate himself from – but not completely reject – rules and regulations. The use of established norms must not be allowed to diminish his original creative power. Knowledge is to be used as a tool and not as a means of restricting intuition through discipline.

My 'specialisation' is to *follow several traces as they lead off into the distance*.

## 2. Otto Kapfinger / Michaela Lindinger

### I. Traces

ML People disappear. They are the first thing to disappear. Our role as historians is to investigate that which remains. Music remains, fragments of architecture remain, clothing disappears completely, everyday objects disappear – and then re-emerge. It is always said that old waste tips are the most important places for archaeologists.

OK As traces go, architecture is certainly tenacious. In comparison with music, for example, architecture has a very long material existence. And yet music perhaps remains with us longer, despite the fact that it is practically immaterial.

ML Of course we museum people search intensively for traces in cities. We look to see which people have left which traces in the city and consider how to deal with these traces. What has been left behind as a sort of manifestation of humanity – in a picture, in a sculpture, in a piece of music? For example, when the apartment of a famous person has been preserved one always wonders whether there is a *genius loci*. This is also what I mean when I speak of traces: ideal traces. Can one still find a trace of the person in the apartment or not?

OK When we talk about Karl Schwanzer I find the following questions interesting: Where did he come from? And to what extent did he distance himself from contemporary developments, position himself as an alternative? Where is he, so to speak, really following the traces and where does he go off on his own? I think that this story is very much worth telling.
The traces of the Second World War led as far as St. Stephen's Cathedral, which lay in ruins in 1945. It was the 'zero hour' and the future was completely open. It was necessary to abandon

darum, aus der Spur des Faschismus herauszutreten und wieder neu zu beginnen. Und hier wird es interessant: Wie setze ich den Pflug an, um eine Spur im Gelände zu ziehen, aus der etwas wachsen kann? Ich denke, das Besondere an Karl Schwanzer war, dass er ab etwa 1950 schon im Ausland Projekte durchführen konnte. Dadurch hat er eine andere Perspektive auf modernes städtisches Leben und auf unsere Alltagskultur bekommen, auf die Art, wie wir angezogen sind, wie unser Design, unsere Tische, unsere Sessel, unser Geschirr aussehen. Und er hat begriffen, dass es die Aufgabe für Österreich ist, sich nach den acht Jahren Nazi-Zeit wieder neu zu erfinden. Und zwar nicht nur mit dem *Jedermann* in Salzburg, mit Barock –

ML – und der Staatsoper.

OK Ja, nicht nur damit, sondern mit neuem österreichischen Design und österreichischer Produktkultur. Die Wirtschaft war dafür von zentraler Bedeutung. Für mich ist das fast das Wichtigste: die immaterielle Spur der Kooperationen, die für einen jungen Architekten damals möglich waren. Schwanzer hatte enge Verbindungen mit den obersten Instanzen, einerseits mit den steuernden staatlichen Institutionen – dem Handels-, dem Wirtschafts- und dem Unterrichtsministerium – und andererseits mit Akteuren der Wirtschaft. Diese immaterielle Spur der Netzwerke und die frühen Projekte von Karl Schwanzer sind für mich fast das Interessanteste. Einerseits war er in der Nachkriegszeit mit Mangel konfrontiert – ein Aspekt, der heute wieder sehr aktuell ist: Wie schaffe ich mit minimalen Ressourcen etwas Frisches, Neues und Lebhaftes? Und andererseits stellt sich natürlich nach dem Krieg für die jungen Architekten die Frage: Wie gehen wir mit dem vorhandenen Stadtbild um, mit den Wunden darin, und welche Spuren darf und muss das Neue in die Stadt einschreiben?

## II. Alt und Neu

ML Das Verhältnis zwischen Alt und Neu ist immer interessant. Als die Wiener Ringstraße gebaut wurde, hat es genug Leute gegeben, die gemeint haben, es sei alles hässlich. Karl Kraus hat dem entgegnet, naja, aber auch Alt-Wien war einmal neu. Ich denke, das mit dem Alten und dem Neuen ist eine Generationensache, die Diskussion darüber wird so gesehen nie aufhören. Heute gibt es schließlich auch Dinge, die uns nicht gefallen, weil sie vielleicht für unser Empfinden noch zu neu sind. Und irgendwann erscheinen sie uns in einem anderen Licht. Oft erkennen wir erst Jahrzehnte später den Wert bestimmter Bauten.

OK Dann wird aus dem, was erst muffig gewirkt hat, plötzlich etwas Bewundernswertes. Wir haben zum Beispiel während unserer Ausbildung an der TH nie auf das Rote Wien geschaut, nie den Karl-Marx-Hof betrachtet, nichts. Und heute hat das einen gänzlich anderen Stellenwert.

ML Die Frage bei Stadtentwicklungsprozessen ist immer: Möchte man in einem Museum leben oder in einer Stadt? Man darf nicht vergessen, dass der Gedanke der Altstadterhaltung relativ neu ist. Die Wertschätzung von alten Dingen hat erst im 18. Jahrhundert begonnen. Davor hätten wohl alle gesagt: „Bitte, das ist doch alt, weg damit!" Mit allem Neuen wäre man dagegen glücklich gewesen.

OK Natürlich, der Gedanke, die Spur der Zeit zu erhalten, ist ein Kind der bürgerlichen Gesellschaft und hat in Wien eine große wissenschaftliche Tradition. Der Kunsthistoriker Alois Riegl und sein Schüler und Nachfolger Max Dvořák waren die theoretischen und auch praktischen Begründer des Denkmalschutzes. Diese heute existierende populistische Frontstellung alt versus neu, die auch schon im Denken Schwanzers erkennbar ist, gab es damals noch gar nicht. Das zeigt folgendes Beispiel: Es stellte sich damals die Frage, wie mit dem Palast

the traces of fascism and begin again from scratch. And this is where it gets interesting: How do I use the plough in such a way that I create traces on the ground from which something can grow? I think that the special thing about Karl Schwanzer was that as early as about 1950 he had the opportunity to execute projects abroad. This opened up to him a different perspective on modern urban living and our everyday culture, on the way in which we dress and on the appearance of our design, our tables and chairs, our crockery. And he understood that the task facing Austria was to reinvent itself after the eight years of Nazi rule. And not just with *Jedermann* in Salzburg, the baroque –

ML – and the State Opera.

OK Yes, not just with those things but also with new Austrian design, new Austrian products and Austria's new cultural lifestyle. The commercial and corporate world played a key role here. For me, this is almost the most important thing: the intangible traces of the opportunities for cooperation that were then open to a young architect. Schwanzer had close connections with the leading players, with not only the controlling public bodies – the Ministries of Trade, Economy and Education – but also figures from the business community. I think that these immaterial traces left by Karl Schwanzer's networks and early projects are almost the most interesting aspect. On the one hand, he was confronted by shortages in the post-war era – an aspect with which we are once again very familiar today: How do I create something fresh, new and dynamic with minimal resources? And, on the other hand, a young architect in the post-war years was also confronted by the question: How do we deal with the current urban fabric and with the open wounds in this fabric, and what traces should and must the new impose upon the city?

## II. Old and New

ML The relationship between old and new is always interesting. When Vienna's Ringstraße was being built there were enough people who said that it was all ugly. Karl Kraus countered by pointing out "but old Vienna was also new once". I think that this question of old and new is a generational question, which means that such discussion will never come to an end. After all, there are things today that we don't like, perhaps because they are simply too new for our sensibilities. But some day we will see them in another light. It often takes us decades to recognise the value of certain buildings.

OK At which point something that appeared stale is suddenly praiseworthy. For example, during our training at the College of Technology we never looked at Red Vienna, never considered the Karl-Marx-Hof, nothing. But today we see it in a completely different light.

ML The question in urban development processes is always: Do we want to live in a museum or in a city? One shouldn't forget that the notion of preserving old cityscapes is a relatively new one. It was as recently as the 18th century that we began to appreciate old things. Before this everyone simply said: "But please, that's old, let's get rid of it!" Conversely, one was satisfied with anything just as long as it was new.

OK Of course, the notion of preserving the traces of time is a product of bourgeois society and has a long scientific tradition in Vienna. The art historian Alois Riegl and his pupil and successor Max Dvořák were the theoretical and, also, the practical founders of the protection of historical monuments. Today's populist confrontation between old and new, which is also apparent in Schwanzer's thinking, didn't exist back then. This is demonstrated by the following example: The question arose of how to deal with the Late Roman Palace of Diocletian in Split. Over the centuries everything imaginable had accumulated

des Diokletian in Split aus spätrömischer Zeit umgegangen werden soll. Über die Jahrhunderte hat sich alles Mögliche dort angelagert und die nächsten Spuren hineingeschrieben. Ein Ansatz der klassischen Denkmalpflege war nun, alles, was nicht original ist, zu entfernen. Ihr Credo war das Bereinigen und Einbalsamieren.

ML Mumifizieren.

OK Aber Alois Riegl als Begründer der modernen Denkmalpflege war strikt dagegen! Er hat gesagt, nein, das *gesamte* Gewordene ist erhaltenswert, nicht nur der älteste Kern, der künstlich wieder hergestellt und mumifiziert werden müsste. Älteres und Neueres kann nebeneinander und miteinander bestehen.

ML Das alles hängt auch mit der Frage zusammen, wie eine Stadt später einmal aussehen soll. Und darüber sollte es eine öffentliche Debatte sowohl in der Zivilgesellschaft wie auch unter ExpertInnen geben.

OK Ich bin absolut Ihrer Meinung. Das ist alles sehr komplex und schwierig in einer relativ großen Stadt. Über die Jahrzehnte hinweg gab es hier in Wien natürlich auch sehr viele Reibungsverluste durch die politische Kultur und Administration. In anderen Ländern dagegen bestand ein kontinuierlicher und produktiver Austausch zwischen Politik, Wissenschaft und Planung. Ich erinnere mich zum Beispiel an einen Vortrag des Tessiner Architekten Luigi Snozzi in Wien Ende der 70er-Jahre. Er war einer der ersten, der den Modernismus, der sich im Grunde als ortlos verstanden hat, wieder in den konkreten Ort eingebunden hat. Er war der Meinung, dass sich das moderne Gebäude nicht partout und gedankenlos als Gegensatz begreifen darf, sondern eine produktive und kreative Fortschreibung vorhandener Strukturen sein soll. Jedenfalls hat Snozzi bei dem Vortrag gesagt, ein jeglicher Eingriff sei eine Zerstörung.

ML Ich würde sagen, es ist eine Veränderung.

OK Snozzi sagte: Es ist eine Zerstörung. Egal, ob am Land oder in der Stadt, man stört eine vorhandene Geschichte, ganz klar. Aber wenn, dann soll man mit Verstand zerstören. Und das ist das Schwierige daran, denn wie viele ArchitektInnen mit umfassender historischer Bildung und zugleich der Fähigkeit der Vision in die Zukunft gibt es heute?

ML Aber muss es die geben? ArchitektInnen arbeiten doch nicht im luftleeren Raum, sie haben doch auch Leute um sich, mit denen sie sich besprechen. Und auch unter KunsthistorikerInnen gibt es keine einheitliche Meinung, sondern ganz unterschiedliche Standpunkte. Man kann das nicht alles so vereinfachen.

OK Ich denke, wir hatten schon einmal mehr Gesprächsebenen, wir hatten sowohl in der Politik als auch in der Wirtschaft ein produktiveres Miteinander. Auch in Bezug auf die Bevölkerung fehlt das Gespräch.

ML Die Diskussionskultur fehlt.

OK Es beginnt letztlich in der Ausbildung. Ich weiß nicht, ob sich die jungen ArchitektInnen heute an den Hochschulen für Stadtgeschichte, Denkmalpflege oder andere soziologische Themen interessieren.

ML Oder ob es überhaupt gelehrt wird.

OK Es gibt heute einen unglaublichen Druck, möglichst schnell fertig zu werden und möglichst schnell einen Job zu finden. Das ist fast ein Paradigmenwechsel. Letztlich heißt bauen ja – wie Schwanzer es vertreten hat –, nicht nur irgendwo etwas hinzustellen, sondern über das Pragmatische hinaus immer auch eine Vision zu haben. Also eine soziale Vision oder poetische Sinngebung, die mich motiviert und die etwas weiterbringt. Und das reicht bis in die Philosophie hinein. Letztlich geht es um die Frage, wie wir leben wollen. Heute kann man das meiner Meinung nach nicht mehr lokal sehen. Wir müssen global denken. Schwanzer hat seinerzeit nicht über Fragen der Baubiologie nachgedacht oder über graue Energie, die in einem Gebäude steckt, also über das Energieaufkommen

there, inscribing new traces into the palace. One approach taken by classical conservation was to remove everything that wasn't original. Its credo was to cleanse and to embalm.

ML To mummify.

OK But as a founder of modern conservation Alois Riegl was strictly opposed to this! He said no, the *entire* monument is worthy of conservation in the form in which it has developed, not just an original core that would have to be artificially recreated and then mummified. Old and new can exist alongside each other and together.

ML All of this is also related to the question of how a city should appear at a later date. And this should be openly debated by both civil society and experts.

OK I completely agree. This is all very complex and difficult in a relatively large city. Here in Vienna the political culture and administration ensured that things failed to go smoothly for decades. In other countries, on the other hand, there has been a continuous, productive exchange between politicians, academics and planners. For example, I can remember a lecture by the Ticino architect Luigi Snozzi in Vienna in the late 1970s. He was one of the first to re-establish the link between Modernism, which had essentially seen itself as placeless, and the concrete location. He believed that the modern building should not simply see itself as a visceral, ubiquitous antithesis, but as a productive and creative continuation of existing structures. In any case, in his lecture Snozzi referred to any sort of intervention as a form of destruction.

ML I would say that it was a form of transformation.

OK Snozzi called it a form of destruction. Regardless of whether an intervention is in the country or in the city, an existing narrative is clearly being destroyed. But if one has to destroy then one should at least do so intelligently. And this is the problem, because how many of today's architects combine a comprehensive historical training with the ability to develop a vision of the future?

ML But do we need such architects? Architects don't work in a vacuum and are surrounded by people with whom they communicate. And art historians also don't agree on everything but, rather, represent a wide range of opinions. One shouldn't oversimplify this whole question.

OK I feel that we once had more levels of communication, we cooperated more productively in both politics and business. There is also a lack of discussion with the public.

ML A culture of open debate is absent.

OK This is ultimately a question of education. I don't know if today's young architects are interested in urban history, conservation or other sociological subjects while they are at university.

ML Or if these are even taught at all.

OK There is an unbelievable pressure today to qualify and find a job as quickly as possible. This is almost a paradigm change. For building – as Schwanzer put it – is not about merely placing any structure in any location but about constantly harbouring a vision that goes beyond the purely pragmatic. A social vision, perhaps, or a poetic quest for meaning that motivates me and helps us to move forwards. And this can extend to philosophy because, ultimately, it is a question of how we want to live. In my opinion this question can no longer be answered locally. We have to think globally. In his day, Schwanzer didn't think about such issues as building biology or a structure's level of grey energy, the energy required to build it. In the 1960s such things were all secondary. Those were the days of nuclear power and a belief in unbridled progress. Today we understand that things can't continue like this. We recognise that a 300-year-old brick building is an ecological treasure. One should think five times before knocking it down. Old brick buildings are also good from the perspective of building biology and are certainly healthier than all the technical approaches

dahinter. In den 60er-Jahren war das alles sekundär. Es war die Zeit der Atomenergie und des ungebremsten Fortschrittsglaubens. Heute sehen wir, dass es nicht so weitergeht. Wir erkennen, dass ein Gebäude aus Ziegeln, das schon seit 300 Jahren besteht, ein ökologischer Schatz ist. Man sollte sich fünfmal überlegen, ob man es abreißt. Auch baubiologisch sind die alten Ziegelbauten gut, sie sind immer noch gesünder als alles, was wir später technisch erfunden haben. Sie brauchen keine Klimatisierung etc. Und natürlich stehen wir heute unter dem Zwang der Verwertbarkeit, die Leistungen der öffentlichen Hand schrumpfen immer mehr, Privatisierungen nehmen zu, der Investitionsdruck steigt. Und dadurch kommen der Denkmalschutz und das pflegliche Behandeln der vorhandenen Substanz mehr und mehr in die Defensive. Ein anderes Grundproblem im Zusammenhang mit dem Denkmalschutz und den Schutzzonen ist die Priorität des öffentlichen Interesses gegenüber dem privaten. Bedenken Sie, was es für PrivateigentümerInnen bedeutet, wenn ihr Haus unter Denkmalschutz gesetzt wird.

ML Ja, wir haben in Wien jetzt laufend Debatten über abgerissene Häuser. Ständig werden Häuser – hauptsächlich aus der Gründerzeit – abgerissen, und viele fordern, diese Altbauten unter Denkmalschutz zu stellen, damit sie im Stadtbild erhalten bleiben. Doch wenn Sie ein Haus unter Denkmalschutz stellen, kostet das. Ich wohne selbst in einem denkmalgeschützten Haus. Das schaut außen genauso aus wie 1911, als es fertiggestellt wurde. Trotzdem ist alles erneuert worden. Es hat eine neue Dämmschicht, auf die die alte Fassade wieder aufgesetzt worden ist. Wissen Sie, wie viel das alles kostet? Das wird oft vergessen. Immer hört man, „Ach, das Gründerzeithaus ist so hübsch, bitte erhaltet es." Aber niemand denkt darüber nach, dass dort auch jemand wohnen muss. Oft darf dann kein Lift installiert werden, das Dachgeschoß kann nicht ausgebaut werden ... Mein Eindruck ist, dass das Leben der Menschen in der Stadt – und das sollte doch das Wichtigste sein –, teilweise von der Stadtplanung und der Politik vergessen wird.

OK Hier soll man eigentlich zu fragen anfangen: Was sind die Sehnsuchtswerte für das gelungene Leben? Wozu ist das Leben da, was sind unsere humanen, sozialen Visionen? Was brauchen wir?

ML In einer Großstadt ist das schwierig, jeder wird eine andere Antwort geben.

### III. Jung und Alt

OK Ja, denn wir leben heute in einer Konsumgesellschaft, die ein selbstreferenzieller Zirkel ist und uns so kurzsichtige Werte vorgibt. Und so gibt es jede Menge fehlgesteuertes Bewusstsein, das entrümpelt werden sollte. Und da sind wir dann wieder bei den Universitäten. Heute sind sie hauptsächlich zu Ausbildungswerkstätten der Wirtschaft geworden und haben die Fähigkeit, visionär zu sein, verloren. Man wird instrumentalisiert. Das Tolle an Karl Schwanzer war, dass er so stark auf die jungen Leute gebaut hat. Er hat sich ihre Dinge angeschaut, auch wenn sie nicht fundiert waren. Wenn du frech genug warst und genug Selbstvertrauen gehabt hast, dann hat er sich auf dich eingelassen und gesagt, macht es, dann werdet ihr schon sehen. Er war auch der Einzige, der in den brisanten Jahren um 1968 akzeptiert worden ist. Sogar von den Revoluzzern, weil er das alles aufgefangen hat. Er hat diese seismografische Ader gehabt und hat gespürt: Da gärt es, da ist Kreativität da, da sind Dinge, die unterdrückt wurden und die sich jetzt äußern. Darauf hat er nicht negativ reagiert, sondern gesagt: Kommt, zeigt mir, was ihr könnt, ich interessiere mich dafür und ich bin euer Reibebaum. Das war das Faszinierende an ihm als Lehrer. Bei aller revolutionärer Energie hat er aber auch immer gesagt: Du musst es auch realisieren können. Er hat alles immer bis zum Ende durchgedacht. Also wenn, dann

that we have discovered in the meantime. They don't need air conditioning, etc. And we are naturally constrained today by the principle of usability, public services continue to dwindle, privatisation intensifies, investment pressure increases. With the result that conservation and looking after the existing built fabric is pushed more and more onto the defensive. A further basic problem related to conservation and conservation zones is the priority given to public interests over private ones. Just consider what it means for a private property owner when their building is given listed status.

ML Yes, in Vienna we now have regular discussions about demolished buildings. Buildings – primarily from the late 19th century – are constantly being torn down and many people want preservation orders to be placed upon them so that they remain part of the cityscape. But listing a building in such a way has financial consequences. I myself live in a listed building. It looks exactly the same today as it did in 1911 when it was completed. But despite this, everything has been renewed. It has a new layer of insulation on top of which the original façade was recreated. Are you aware how much this all costs? This is often forgotten. One is always hearing, "oh, that late 19th-century apartment building is so beautiful, please preserve it." But nobody considers the fact that someone has to live there. One is often not permitted to install a lift, or develop the roofspace ... I get the impression that the quality of life of city dwellers – which should surely be the most important factor – is partly overlooked by planners and politicians.

OK This is where one should actually start asking questions: What qualities do we aspire to for a successful life? What is life for, what are our humane and social visions? What do we need?

ML That is not easy in a major city, each person will give a different answer.

### III. Young and Old

OK Yes, because today we are living in a consumer society, which, being a self-referential cycle, gives us short-sighted values. Our consciousness is being enticed in every sort of false direction, and some form of cleansing is required. Which brings us back to the universities. Today, these have largely become training centres for the business world and have lost the ability to think at the visionary level. One is instrumentalised. The great thing about Karl Schwanzer was the faith that he showed in young people. He took their ideas seriously, even when these appeared unsubstantiated. If you were daring enough and had enough self-confidence then he took the plunge and said, try it, and then you'll see. He was also the only one who was accepted in the explosive years around 1968. Even by the revolutionaries, because he had absorbed everything that was going on. He had this seismographic vein and had felt the traces: Something's brewing, something creative, things that have been suppressed are now finding their voice. Rather than reacting negatively he said: Come and show me what you're capable of, I'm interested in all of this and I'm your sounding board. That was the fascinating thing about him as a teacher. However, in the midst of all this revolutionary energy he never stopped saying: You must also be able to realise it. He always thought things through to the last detail. If it's going to be done at all than it must be done correctly. And at the end of the day if we don't like the project then we'll throw it away and start again. That was unbelievable. "It's not the profit but the quality that's important" was the office motto! If only one would say that today! Now we hear "if the economy's doing well then we're all doing well." In retrospect, even though Schwanzer was on first name terms with the world of business he was actually on the other side.

Now we are getting back to the subject of networks, to those immaterial traces – he still had those partners in busi-

schon richtig. Und am Ende, wenn uns die Planung nicht gefällt, dann schmeißen wir es weg und fangen neu an. Das war unglaublich. „Nicht der Profit ist wichtig, sondern die Qualität", das war das Motto im Büro! Wenn man das heute sagen würde! „Geht's der Wirtschaft gut, geht's uns allen gut" heißt es jetzt. In der Hinsicht stand Schwanzer auf der anderen Seite, obwohl er mit der Wirtschaft auf Du und Du war.

Jetzt kommen wir wieder zurück auf die Netzwerke, auf die immateriellen Spuren – er hatte doch in der Wirtschaft und in den Ministerien Partner, wo er agieren konnte, wo er sich sicher war, die machen mit. Heute stehen viele der KollegInnen irgendwo isoliert. Netzwerke in der Politik, in den Genossenschaften zu knüpfen ist sehr schwierig. An den Universitäten vermisse ich zunehmend die Fähigkeit, visionär zu sein und sich trotz guter Kontakte zur Wirtschaft nicht instrumentalisieren zu lassen.

ML Schaut man sich die Jugend heute in Bezug auf Innovationen an, zeigt sich genau das: Es gibt eine neue Gründergeneration, Start-ups und Jungmilliardäre, die alles in Apps investieren – aber ich bin mir nicht sicher, ob das wirklich die Zukunft ist. Mir wäre es lieber, wenn die Jugend globaler denken würde und nicht nur daran, wie man sehr viel Geld machen kann. Ich sehe einen gewissen Egoismus. Es geht nur darum, dass *ich* sehr reich werde. Aber es wird zu wenig darüber nachgedacht, wie wir die Welt – ich sage es jetzt sehr ‚poetisch' – besser oder schöner machen könnten.

OK Trotz allem: Die Erneuerungskraft der jungen Generation ist unsere einzige Chance. Unsere einzige Hoffnung ist, dass sie es anders macht, und zwar schnell. Ich glaube, man muss sich nur ein bisschen umsehen – es gibt viele tolle und wichtige Aktivitäten und Dinge, die passieren. Nur werden sie leider zu wenig publik, man interessiert sich zu wenig dafür. Es geschieht heute weltweit gesehen sehr vieles, aber es herrscht auch ein unglaublicher Zeitdruck … Ich bin immer optimistisch, aber momentan herrscht in Europa eine solche Enge. Dort, wo die Entscheidungen getroffen werden, verengt sich die Perspektive. Ich vertraue aber darauf, dass über die Zivilgesellschaft wieder anderes kommt. Es ist eine Frage der Werte. Schwanzer sagte zum Beispiel: Architektur ist materialisierte Poesie. Das kann man natürlich zerpflücken, weil es nicht gänzlich stimmt. Denn die Architektur ist doch primär ein Werkzeug. Das Haus ist zwar auch ein *Werk*; aber dennoch: *Wozu* ist das Haus da, wozu dient es?

## IV. Was ist Architektur?

ML Zum Wohnen, für die Leute.

OK Genau. Das Leben im Vollzug der räumlichen Angebote, das ist Architektur.

ML Sie muss die entsprechende Grundlage für das Leben schaffen.

OK Ob es sich um ein Büro, ein Theater, ein Wohnhaus oder einen Kindergarten handelt – das Gebäude muss zunächst einmal gut funktionieren für das, was dort stattfinden soll. Sein Inhalt ist die gesellschaftliche Struktur und die gesellschaftliche Entwicklung. Hier haben wir jede Menge aufzuholen. Bei Schwanzer zeigt sich noch das konventionelle Architekturverständnis, wenn er sagt, Architektur ist materialisierte Poesie. Unter dieser Sicht bezieht sich die Architektur auf sich selbst und öffnet sich nicht dem Zweck. Adolf Loos hingegen meinte, in der Architektur wollen wir uns wohlfühlen, wir wollen damit komfortabel und ungezwungen leben. Das Haus hat allen zu gefallen, die Kunst hingegen niemandem. Die Kunst, die Poesie muss uns aufrütteln, sie muss polarisieren, auch kritisieren. Die Schwierigkeit mit dem Zweck der Architektur ist allerdings, dass sich die Anforderungen, die Bedürfnisse und Funktionen unglaublich rasch ändern.

ness and in the ministries who enabled him to act and who he was sure would cooperate. Today many of our colleagues somehow seem isolated. It's very difficult to establish networks in politics or collective organisations. And those based in universities seem ever less capable of being visionary and of escaping instrumentalisation despite their good contacts in the business world.

ML This becomes apparent when one thinks about today's young people and their relationship with innovation: There is a new generation of company founders, start-ups and young billionaires who invest everything in apps – but I'm not sure that this is really the future. I would be happier if young people thought more globally and not just about how much money they can make. I see a certain egoism. The only thing that seems to matter is that *I myself* become very rich. But too little attention is paid to how we can make the world – let me express it here very 'poetically' – better or more beautiful.

OK But despite all this: The ability of the next generation to reinvent itself is our only chance. Our only hope is that they do things differently – and do so soon. I think that one only needs to look around a little – so many impressive and important activities and things are happening. But unfortunately these are not public enough, they arouse too little interest. Seen globally, a lot is happening today but there is also this unbelievable time pressure … I remain optimistic but the Europe of today feels so constrained. In the places where decisions are made the perspectives are so narrow. And yet I am confident that things will change again with the help of civil society. It is a question of values. Schwanzer said, for example, that architecture is materialised poetry. Of course one can pull this argument to pieces because it is not completely correct. Because architecture is primarily a tool. A building is certainly also a *work*; but: *Why* is it there, what is it for?

## IV. What is Architecture?

ML For people, to live in.

OK Exactly. Living life according to the opportunities offered by a created space, that is architecture.

ML It must provide the appropriate basis for life.

OK Whether we are talking about an office, a theatre, a residential building or a kindergarten – the building must first of all function well for the activity for which it is intended. The contents of the building are the structure and development of society. We have a lot of catching up to do in this area. When Schwanzer says that architecture is materialised poetry he is still reflecting the conventional understanding of architecture. From this perspective, architecture is self-referential and not open to the notion of purpose. Adolf Loos, on the other hand, said that we want to feel at ease in architecture, that we want it to enable us to live comfortably and unconstrained. A building should please everyone whereas a painting, on the other hand, doesn't have to please anyone. The role of art and poetry is to shake us up, to polarise, even criticise. Yet the problem with the purpose of architecture is that the requirements, needs and functions change so unbelievably quickly.

ML Often, indeed, while the building is being built!

OK It is very hard to anticipate what a building should and must be capable of at some point in the future. During the 1960s Schwanzer switched to carrying out almost fundamental scientific research when developing his major projects. I find this interesting. For a responsible leap into the future demands optimal preconditions, all of which must be verified and analytically well-grounded.

ML Und zwar oft schon während der Bauphase!

OK Die Antizipation dessen, was das Gebäude einmal leisten soll und kann, ist sehr schwierig. Schwanzer ist während der 60er-Jahre bei den großen Projekten dazu übergegangen, eine fast wissenschaftliche Grundlagenforschung zu machen. Ich finde, das war interessant. Um verantwortungsbewusst in die Zukunft springen zu können, braucht es nämlich optimale Voraussetzungen, allesamt abgesichert und analytisch durchdacht.

## V. Zukunftsvisionen

ML Ich persönlich würde mir für die Zukunft der Großstädte wünschen, dass es mehr Zonen gibt, in denen man sich wohlfühlt: Orte mit weniger Segregation und mehr sozialer Durchmischung. Gerade für Wien würde ich das wichtig finden. Natürlich gibt es bei uns nicht solche Ghettos wie in Malmö oder Banlieues wie in Paris, die immer mehr anwachsen und die mit der Stadt eigentlich nichts mehr zu tun haben. Aber ich sehe in Wien schon Ansätze dazu, dass es sich zunehmend in diese Richtung entwickelt – man denke an die steigende Migration, die wohl die größte Herausforderung für alle Großstädte ist. In einer Utopie der Großstadt sollten die EinwohnerInnen einfach mehr Berührungspunkte zueinander finden.

OK Utopien haben per definitionem den Charakter des nicht Erreichbaren. Mir ist der Begriff ‚Utopie' zu verbraucht. Ich würde den Begriff ‚Vision' bevorzugen. Visionen sind weniger abstrakt. Meine begriffliche Vorstellung von Vision ist zweigeteilt. Die eine – und da bin ich ganz auf Ihrer Seite – ist folgende: Diese Vision wäre ein progressiver und konstruktiver Ausgleich in der Gesellschaft, ein intensiveres Miteinander, die Akzeptanz des anderen; sie würde darin bestehen, das Fremde auch als das Eigene sehen zu können oder auch als eine Bedingung für die entgrenzende Definition des Eigenen. Mehr Neugierde zu haben, wer die anderen sind und was man von ihnen lernen kann. Das wäre das eine, ein Ausgleich sowohl in der lokalen Gesellschaft wie auch in der globalen. Das ist eine echte Utopie, würde ich sagen. Und das andere wäre die Vision, dass wir so bauen, dass es nicht nur eindimensional der Wirtschaft dient – also dem Rad der kapitalistischen Bauwirtschaft, hinter der im Endeffekt global die Kriegswirtschaft steht und die Ausbeutung von Ressourcen auf Kosten anderer –, sondern dass wir ökologisch und nachhaltig bauen, dass wir unsere vorhandenen Ressourcen viel sorgsamer, viel besser nutzen.

ML Diese Vision kann man fordern, aber für ihre Umsetzung sind auch andere Disziplinen gefragt. Ohne PolitikerInnen, KommunikatorInnen, JournalistInnen und VertreterInnen der Zivilgesellschaft, die aktiv hinter dieser Vision stehen, werden wir nie dorthin kommen.

## VI. Schönheit

ML Natürlich, die Architektur kann das nicht im Alleingang schaffen, weil sie eben so eng mit politischen Entscheidungen, mit rechtlichen Grundlagen, wirtschaftlichen Interessen und letztlich auch mit Fragen der Benutzung verflochten ist. Deswegen braucht es diese gut funktionierenden Schnittstellen, die heute zunehmend fehlen. Nur dann kann die Architektur in gesellschaftliche Prozesse eingreifen und ihnen dienen. Diese Voraussetzungen zum einen und die Visionen zum anderen sind letztlich der Maßstab für das Gelingen einer Architektur – und zwar funktionell wie symbolisch.

Schönheit fungiert oft als Ersatz für etwas, das nicht funktioniert. Das ist aber ein falsches Verständnis von Schönheit. Es ist ein Potemkinsches Dorf, bei dem Dekorationen verbergen, was fehlt und worauf es aber eigentlich ankäme.

## V. Visions of the Future

ML My own personal wish for the future of major cities is that they have more zones in which people can feel comfortable: places with less segregation and a greater social mix. In the case of Vienna I find this particularly important. Of course we don't have ghettos like those in Malmö or banlieues like those in Paris that grow remorselessly to the point at which they actually have nothing to do with the city anymore. But I can already see the signs in Vienna that things are increasingly moving in this direction – just think of the rising migration, which is perhaps the greatest challenge facing all major cities. In a utopia the inhabitants of major cities should simply discover that they have a lot more in common.

OK Utopias have, by definition, the character of something unachievable. I think that the term 'utopia' is overused. I prefer the term 'vision'. Visions are less abstract. My idea of 'vision' consists of two parts. The first – and here I agree with you completely – is as follows: This is a vision of a progressive and constructive equalisation in society, intensive cooperation, the acceptance of the other; this is about understanding the alien as part of – or, even, as a condition for a broader definition of – the self, about being more interested in other people and in what we can learn from them. That is the one vision, a social equilibrium at both the local and the global scale. I would say that this is a true utopia. And the other vision involves building in a way that doesn't merely one-dimensionally serve the needs of business – that doesn't just turn the wheels of the capitalist construction industry which, in the final analysis, is a cover for the global arms industry and the exploitation of resources at the cost of others – but is ecological, sustainable and makes better, more careful use of our resources.

ML We can demand this vision but it can only be realised with the help of other disciplines. Without the active support of this vision from politicians, communicators, journalists and representatives of civil society we will never achieve these goals.

## VI. Beauty

OK Of course architecture cannot achieve this alone because it is so closely intertwined with political decisions, legal fundamentals, economic interests and, finally, questions of use. This is why there is such a need for the efficient interfaces that we are increasingly lacking today. Only then can architecture intervene in and support social processes. Ultimately it is, on the one hand, these preconditions and, on the other hand, these visions that provide the benchmark for the success of a building – both functionally and symbolically.

Beauty often acts as a substitute for something that doesn't work. But this is a false understanding of beauty. It is a Potemkin Village, whose decoration hides both that which is missing and that which actually matters. Beauty is often a substitute. And this is also naturally a principle of today's consumer culture: At first glance the outward appearance seems to be of a high quality, but when I look more closely it's just junk. So I have to throw it away quickly and buy the next thing ... This is the madness of growth in our economy.

ML Turbo capitalism.

OK And all those who try to escape this cycle have an alternative relationship with beauty. This found radical expression in Germany after 1945: After the fatal, totalitarian cult of beauty of the Nazi era things took a completely new direction. This led in architecture to such things as the statement: "Form is nothing, action is everything." My vision is now one in which the aesthetics of the present and the future are found in the beauty of the action. And not in the form. If architecture reflects

Schönheit ist oft ein Ersatz. Und das ist natürlich auch ein Prinzip unserer gegenwärtigen Konsumkultur: Äußerlichkeiten wirken auf den ersten Blick qualitativ hochwertig, aber wenn ich genauer schaue, ist es nur Plunder. Ich muss es also schnell wegwerfen und das nächste Ding kaufen ... Das ist der Wachstumswahnsinn unserer Wirtschaft.

ML Turbokapitalismus.

OK Und alle, die versuchen, diesem Kreislauf zu entkommen, haben ein anderes Verständnis von Schönheit. Ganz radikal wurde das nach 1945 in Deutschland geäußert: Nach dem fatalen, totalitären Schönheitskult der Nazizeit wurde eine komplett neue Richtung eingeschlagen. In der Architektur hat das unter anderem zu dem Satz geführt: „Form ist nichts, Handlung ist alles." Meine Vision ist jetzt die, dass die Ästhetik der Gegenwart und der Zukunft in der Schönheit der Handlung liegt. Und nicht in der Form. Wenn die Architektur eine gelungene Handlung reflektiert und antizipiert, wird sie automatisch schön. Es geht also darum, wie wir miteinander umgehen.

ML Und was uns glücklich macht.

OK Wenn ich etwa sehe, da ist jemand in Not, und ich komme aus meiner Routine heraus und biete Hilfe an.

ML Mensch-Sein einfach.

OK Die alte Legende von Parsifal etwa – von Wagner zum musikalischen Erlösungsdrama hochstilisiert – kreist doch um das Problem, dass der Schritt zur aktiven Empathie nicht gelingt; dass die Frage, „warum musst du leiden, wie kann ich dir helfen?", nicht herauskommt. Im Kern geht es um den Schritt vom Ich zum Du, vom bloßen Narzissmus zur handelnden Resonanz. Und auch die Architektur ist dann schön, wenn sie im Einklang mit der Natur und mit dem Leben steht und das gelingende Leben möglichst offen ermöglicht. Wenn sie keine Barrieren, sondern Offenheit schafft.

ML Wenn sie auch zum gemeinschaftlichen Leben in der Stadt beiträgt und dieses begründet oder ermöglicht.

## VII. Spurlos

OK Die größte Vision wäre, dass wir hier glücklich leben können, ohne Spuren zu hinterlassen.

ML Spurlos verschwinden! (lacht) Das wäre für uns HistorikerInnen der Albtraum! Wir sind immer auf Spurensuche.

OK Aber – das ist die Natur! Sobald irgendwo eine Spur ist, schaust du hin, und wenig später ist sie schon wieder weg, ist daraus etwas anderes geworden. Ich habe das Privileg, jeden Tag den Wienfluss zu überqueren. Dieses Rinnsal in seiner ganzen Rinnsalhaftigkeit wirkt auf mich wie ein Meer: Es ist zwar immer derselbe Fluss, aber er ist nie gleich. In keiner Sekunde. Und er ist unfassbar, er ist spurlos. Formlose Form.

ML Aber er zieht trotzdem eine Spur!

OK Und das mit einer so faszinierenden Leichtigkeit! Wenn wir Menschen es schaffen würden, mit allen Naturkräften zu leben – Wind, Sonnenenergie, Thermik, Wasserkreislauf, Bionik usw. – und uns da elegant einzuklinken, anstatt dagegen zu arbeiten: Das wäre toll. Unsere gesamte maschinelle, motorisierte Technik beruht auf dem Grundprinzip des Verdichtens und der Explosion: Das Flugzeug, angetrieben vom Verbrennungsmotor, durchbricht die Luft, wie ein Projektil. Aber die Vögel gleiten auf der Luft – sie haben ein Resonanzprinzip und kein Explosionsprinzip. Wir haben alle diese ‚harten' Techniken hervorragend entwickelt, die aber im Gegensatz zu dem stehen, was in der Natur passiert.

and anticipates a successful action then it will automatically be beautiful. Which means that it is a question of how we deal with each other.

ML And of what makes us happy.

OK When I see, for example, that someone is in trouble and I put aside my routine in order to offer help.

ML To simply act like a human being.

OK Take the ancient legend of Parsifal – as elevated by Wagner to the level of dramatic musical deliverance – which addresses the failure to achieve a state of active empathy; in such a way that the question "why must you suffer, how can I help you?" fails to emerge. Fundamentally, this is about the step from I to you, from naked narcissism to active resonance. And architecture, too, is beautiful when it is in harmony with nature and life and does as much as possible to ensure that this life is successful. When it creates not barriers but openness.

ML Or when it contributes to the communal life of cities, when it establishes this or makes it possible.

## VII. Without a Trace

OK The greatest vision would be that we could live here happily without leaving any traces.

ML That we disappear without trace! (laughs) That would be a nightmare for us historians! We are, after all, always searching for traces.

OK But – that is nature! As soon as a trace appears somewhere one takes a look, but a little later it has disappeared again, has become something else. I have the privilege of crossing the River Wien every day. This trickle of water, with all its trickling quality, affects me like a sea: It may always be the same river, but it is never identical. Not for a second. And it is intangible, it flows on without a trace. Formless form.

ML But it still leaves a trace!

OK And it does so with such fascinating lightness! If we humans could only succeed in living with all the forces of nature – wind, solar energy, thermals, the water cycle, bionics, etc. – and elegantly engage with them rather than work against them: That would be fantastic. Our entire mechanical, motorised technology is based on the fundamental principle of compression and explosion: The aeroplane, powered by the combustion engine, pierces the air like a projectile. But the birds glide upon the air – their principle is resonance rather than explosion. We have brilliantly developed all these 'hard' technologies and yet they all contradict that which happens in nature.

## 3. Laura Karasinski / Therese Leick

### I. Spuren

TL Leider hinterlässt der Mensch nicht immer nur gute Spuren.

LK Wenn du das sagst, stelle ich mir die Welt als Leinwand vor, die durch das, was Menschen schaffen, gestaltet wird. Dadurch entsteht sie, bricht zusammen und entsteht wieder neu … Die menschliche Geschichte ist an der Welt abzulesen. Nicht nur optisch, sondern auch energetisch, daran, wie Menschen miteinander umgehen und sich zueinander verhalten – weltpolitisch gesehen.

TL Ja, ich stelle mir das wie ein Relief vor. Die Menschen stanzen sich in diese Weltkugel hinein. Es wäre allerdings schön, wenn sie einen positiven Nährboden legen würden, auf den man aufbauen kann. Momentan passiert eher das Gegenteil.

### II. Alt und Neu

LK Ich habe in letzter Zeit oft gehört und gelesen, wie schade es ist, dass Altbauten vermehrt abgerissen und stattdessen Neubauten errichtet werden – weil es wahrscheinlich lukrativer ist. Dadurch gehen alte Spuren verloren. Das ist einerseits schade, andererseits auch nicht, weil man damit Platz für Neues macht. In 50 Jahren werden diese Gebäude dann das Alte, die Spur der Vergangenheit sein. Es ist immer ein Balanceakt, zu bestimmen, inwieweit die Spur nach hinten reichen soll und inwieweit man dem Neuen Platz schafft. Bei allem, was man macht – in allen Sparten, nicht nur in der Architektur, auch im Design etc. –, sollte es ein gewisses ethisches Bewusstsein geben: Man sollte nicht einfach über Dinge „drüberwalzen", sondern die Geschichte „mitnehmen", sodass der *spirit* erhalten bleibt.

TL Die Frage ist ja immer: Was macht überhaupt Sinn? Und wo wollen wir hin? Man muss sich zuerst damit beschäftigen, um zu entscheiden, ob man etwas Neues hinstellt, oder ob noch genügend Bestand da ist, auf dem man sinnvoll aufbauen kann. Man muss erst einmal verstehen, womit man es zu tun hat. Natürlich wäre es schön, wenn immer ein gewisser Bestand erhalten bliebe, auf dem ich dann wieder etwas Neues aufbauen kann. In diesen Resten und Spuren sind die vorherigen Generationen noch spürbar. Es entsteht also quasi eine Skulptur der Generationen.

LK Natürlich ist nicht alles Neue unbedingt besser, aber ich finde auch nicht, dass Änderung ein Verlust ist. Manchmal bedeutet Änderung auch einen großen Gewinn. Das Schlimmste, was mir passieren könnte, wäre, dass ich mich *nicht* verändere. Ich möchte nicht bleiben, wie ich bin. Ich möchte mich ständig weiterentwickeln, ich möchte mich ständig neu inspirieren lassen, mitdenken und umdenken. Stillstand ist für mich schwierig. Auch das betrifft die verschiedensten Bereiche. Beim Brotbacken zum Beispiel hat mir ein Bäcker verraten, dass es in den letzten Jahren so viele Innovationen gab, dass es teilweise unsinnig wäre, genauso wie früher backen zu wollen. Die Prozesse sind mittlerweile so optimiert, dass wir auch hinsichtlich der Qualität ganz andere Möglichkeiten haben. Also, nur weil es Tradition hat – und da schwingt ja auch viel Nostalgie mit – bedeutet das nicht, dass es auch gut oder sinnvoll ist.

TL Ja, ob wir vom Backen oder von der Architektur sprechen: Es geht es doch darum, ein Grundrezept zu schaffen und darauf aufzubauen. Man muss das Rad nicht neu erfinden, aber man sollte versuchen, die jetzigen Lebensumstände zu berücksichtigen. Ich frage mich manchmal, ob unsere Generation das verlernt hat, weil wir verlernen zu denken …

## 3. Laura Karasinski / Therese Leick

### I. Traces

TL Unfortunately, the traces that people leave behind aren't always only good ones.

LK When you say that, I picture the world as a canvas, which is filled with everything that people create. An image emerges, implodes and then emerges again … Human history can be read by looking at the world. Not just visually but also energetically, in looking at how people interact with one another and behave to each other – on the geopolitical level.

TL Yes, I see it like a form of relief. People impress themselves upon this globe. But it would be great if they could leave behind a positive foundation upon which one could build. At the moment the opposite tends to happen.

### II. Old and New

LK In recent times I have often heard and read that it is such a great shame that old buildings are being increasingly demolished and replaced with new ones – probably because this is more lucrative. This means that old traces are lost. On the one hand this is indeed a shame but, on the other hand, it isn't, because it creates space for something new. In 50 years these new buildings will, in turn, be the old ones that represent a trace of the past. Determining how far back these traces should reach and to what extent we should create new space is always a balancing act. In everything that we do – in every branch, not just in architecture but also in design, etc. – there must be a certain ethical conscience: Rather than just wiping things off the face of the earth we should incorporate their history into our interventions in order to ensure that their spirit survives.

TL The question is always: What makes sense? And where do we want to get to? We must address these questions before we can decide whether to build something new or whether the existing substance provides a suitable basis for development. First of all one has to understand what one is dealing with. Of course it would be good if some vestige of the old were always retained as a basis for creating the new. Such remains and traces offer us a sense of previous generations. The result would thus be, so to speak, a sculpture of the generations.

LK Of course new doesn't always necessarily mean better, but neither do I regard change as a form of loss. Sometimes change can also bring huge benefits. The worst thing that could happen to me is that I *don't* change. I wouldn't like to stay the way I am. I want to constantly develop, constantly find new inspiration, think and rethink. I am no good at standing still. This applies to a wide range of activities. Take, for example, the baking of bread: A baker told me that there have been so many innovations in the past few years that, in some cases, it would be absurd to want to bake like we used to. Processes have now become optimised to such an extent that we have completely new possibilities, also in terms of quality. So the fact that something has a certain tradition – and this can also be accompanied by a heavy dose of nostalgia – doesn't mean that it is also right or logical.

TL Yes, whether we are talking about baking or architecture: It is still a matter of drawing up a basic recipe and building from there. One doesn't have to reinvent the wheel but one should at least try to take account of today's circumstances. I sometimes ask myself whether our generation has forgotten this because we are forgetting how to think at all …

### III. Jung und Alt

LK Ich verstehe was du meinst, ich sehe aber auch, dass die jungen Leute ihren gesellschaftlichen Bildungsauftrag wahrnehmen. Ich sehe immer mehr, dass Menschen aufwachen, aufmerksamer werden und sich mit ihrer Umwelt zu beschäftigen beginnen. Ich denke, das hängt damit zusammen, dass wir derzeit an einem Tiefpunkt angelangt sind. Menschen beginnen sich zu fragen: Wie können wir es anders machen? Und dazu gibt es auch eine große Bereitschaft. Das betrifft politische Handlungen – ich denke zum Beispiel an den Beginn der sogenannten Flüchtlingskrise und die unglaubliche Hilfsbereitschaft der Zivilgesellschaft damals –, und ich bin überzeugt, dass das auch Auswirkungen auf das Bauen, Wohnen und Leben haben wird.

TL Ich verstehe noch nicht so genau, wie du das mit dem Bildungsauftrag meinst. Meinst du, dass wir Jungen, jeder für sich, als VermittlerInnen wirken sollten?

LK Nein, es geht eher um ein gemeinsames Ganzes und ein gewissenhaftes Miteinander. Darum, dass Menschen ihre Scheuklappen ablegen und das große Ganze wahrnehmen.

TL Das heißt, jeder trägt diese Verantwortung und ich muss mir dessen bewusst sein, dass ich verantwortlich bin.

LK Ja, genau. Alles, was du tust, hat eine Auswirkung. Mein Wunsch wäre, dass wir als Gemeinschaft begreifen, dass unser Leben und Schaffen auf dieser Erde begrenzt ist, wir allerdings Spuren für spätere Generationen hinterlassen. Je achtsamer und nachhaltiger wir im Jetzt miteinander und mit unserem Lebensraum umgehen, desto einfacher werden es unsere Nachfahren haben. Ich hoffe, dass immer mehr Menschen darauf aufmerksam werden.

TL Ich finde, es ist sehr wichtig, dass man sich auch mit Dingen beschäftigt, die einem vielleicht fremd sind, die aber das Gesamte betreffen. Du siehst offenbar, dass das viele tun, und ich sehe wiederum in meiner subjektiven Wahrnehmung, dass das viel zu wenige machen.

LK Das eben ist unser Auftrag, hier ein Bewusstsein zu schaffen. Und ich denke, dass gerade unsere Generation mehr und mehr über dieses Bewusstsein verfügt, weil die Grenzen – hoffentlich – immer weiter geöffnet statt wieder geschlossen werden. Das war in der Vergangenheit noch nicht der Fall. Ich hoffe, dass sich nicht nur Landesgrenzen öffnen, sondern auch der geistige Horizont.

TL Aber gerade schließen sich doch die Grenzen wieder, weil diese Angst vorherrscht.

LK Das meine ich ja! Das ist ja das Verrückte! Hier müssen wir dagegen wirken.

TL Ich denke, es geht vor allem darum, dass die Menschen ein Bewusstsein aufbauen. Ob das ein ästhetisches, ein inhaltliches, ein geschichtliches oder ein politisches Bewusstsein ist – das Wichtige ist, dass die Menschen überhaupt anfangen nachzudenken.

LK Ich denke, dass viele in einer Dauerroutine leben, in der sie selten darüber nachdenken, was außerhalb der Blase, in der sie sich bewegen, noch passiert.

### IV. Was ist Architektur?

TL Es ist eben sehr schwer, da rauszukommen: Ich stehe in der Früh auf, frühstücke, fahre in die Arbeit, sitze vor dem Computer, fahre nach Hause und gehe schlafen. Diese Arbeitsmoral und diese Arbeitsumstände sollten einmal überdacht werden. In dem Rahmen, in dem Architektur momentan entsteht, *kann* meiner Meinung nach keine gute Architektur entstehen. Unter diesen Umständen – vor einem Computer sitzend, auf den Bildschirm starrend – sollten keine Räume entworfen werden, in denen wir später unser Leben verbringen.

### III. Young and Old

LK I understand what you mean, but I can also see that today's younger generation takes the social aspects of its educational mission very seriously. I am increasingly aware of people becoming more open-minded, becoming more vigilant and starting to think about their environment. I think that this is related to the fact that we have now arrived at a low point. People are starting to ask: How can we do things differently? And in addition to this there is also a great willingness to do something. This is reflected in our political actions – take, for example, the early days of the so-called *refugee crisis* and the unbelievable readiness to help shown by civil society –, and I am convinced that this will also have an impact on building, dwelling and living.

TL I don't quite understand what you mean by educational mission. Do you mean that we young people, each in our own right, should act as mediators?

LK No, it's more about acting together in unity and conscientious cooperation. About collaboration over competition – in order to see the big picture.

TL This means that everyone bears this responsibility and that I must be aware of the fact that I, too, am responsible.

LK Yes, precisely. Everything that you do has an effect. I would like to see us collectively understanding that, while our life and our work on this planet are limited, we still leave traces behind for later generations. The more carefully and sustainably we act with each other and with our environment today, the simpler things will be for our successors. I hope that more and more people will realise this.

TL I believe that it is very important that people concern themselves with things that may be alien to them but that affect us all. You are obviously aware of many people who show such concern while I, with my subjective perception, have the impression that far too few people do so.

LK Our role is to create such awareness. I think that our generation is increasingly developing this awareness because borders will – hopefully – continue to be opened more and more rather than closed again. In the past this wasn't always the case. And I hope that this *opening up* applies not only to national borders but also to intellectual horizons.

TL But at this moment borders are closing again because of this prevailing sense of fear.

LK That's what I mean! That's the crazy part! This is what we have to counteract.

TL I think that the most important thing is that people develop an awareness. Whether this is an aesthetic, contentual, historical or political awareness – the key is that people simply start really thinking about things.

LK I suspect that many are trapped in a long-term routine, which rarely allows them to think about what is happening outside the bubble in which they are living.

### IV. What is Architecture?

TL It is certainly very difficult to escape from this routine: One gets up early, eats breakfast, travels to work, sits in front of the computer, travels home and goes to bed. Someday we should reconsider this work ethic and these working conditions. In my opinion *it is not possible* to create good architecture in the conditions in which architecture is currently created. No spaces in which people will have to live should be designed in such conditions – sitting in front of a computer and staring at the screen. I find this extremely alarming. I don't believe that this can possibly provide inspiration for how we live our lives.

LK I think that greed is the problem. Things eventually fail because of the human version of the *Very Hungry Caterpillar*

Ich finde das äußerst beängstigend. Ich glaube nicht, dass das für unser Leben in irgendeiner Weise anregend ist.

LK Ich denke, die Gier ist das Problem. Es scheitert letztendlich an der menschlichen Raupe Nimmersatt, die immer mehr Reichtum will. Ich habe den Eindruck, es scheitert meistens am Geld. Geld ist ein soziales Konstrukt, dass kreativen Schaffensprozessen leider oft im Weg steht.

TL Ja, KollegInnen arbeiten momentan an einer Schule, und ich finde es erschreckend, wie spaßlos das alles ist, ohne das geringste Qualitätsbewusstsein. Da wird diskutiert, ob man jetzt diesen Linoleumboden oder jene Billigstfliese verwendet. Also wirklich alles auf unterstem Niveau. Und das nur, weil man sparen will. Im Endeffekt ist es doch die Aufgabe von Architektur und Design, Lebensqualität zu schaffen. Und Mehrwert.

## V. Schönheit

LK Ich hoffe, dass wir da auch wieder hinkommen werden. Ich denke, wir leben momentan in einer sehr tiefen Zeit, wenn man sich ansieht, was weltweit geschieht. Ich habe das Gefühl, dass es nach solchen Zeiten des Tiefstands, der Ebbe, wieder eine Flut geben wird. Ich hoffe, dass Menschen wieder mehr Bewusstsein dafür bekommen, dass es über das Jetzt hinaus in die Zukunft geht – dass man an nächste Generationen denken muss und daran, was wir denen an Spuren, Bauwerken und an Linoleumböden hinterlassen. Und vielleicht schaffen wir das auch mit wenig Geld. Wenn etwas schön ist, heißt es nicht automatisch, dass es teuer war. Ich denke zum Beispiel an den Karl-Marx-Hof: Gemeindebauten sind von einer unglaublichen Schönheit. Und trotzdem waren sie sicherlich nicht besonders teuer.

TL Ja, weil sie von ihrer Funktionalität getragen sind, und von ihrem Inhalt.

LK Und der Gedanke dahinter, also ein guter Gedanke, ist ja das Schöne.

## VI. Zukunftsvisionen

TL ArchitektInnen sind doch auch AutorInnen; sie müssen sich bewusst werden, dass alles, was sie in die Welt setzten, Geschichte schreibt. Architekturbüros müssten sich viel mehr vor Augen führen, dass sie die Möglichkeit haben, unsere Zukunft zu gestalten. Man kann natürlich nicht voraussagen, was passieren wird. Aber ich glaube, als ArchitektIn muss man eine gewisse Vision und eine Vorstellung von der Zukunft haben, noch bevor man in den Entwurf geht. Hat man diese Vision nicht, kann man auch nicht anfangen zu planen.

LK Für mich gehören Utopie und Architektur zusammen. Es gehört dazu, an das Surreale zu denken. Ich glaube, dass es theoretisch oft sogar umsetzbar wäre, aber nur die wenigsten trauen sich. Oder es würde viel zu viel Geld kosten, sodass es nie realisiert wird. Hier schließt sich der Kreis mit dem Geld. Für mich ist jeder Architekt, jede Architektin irgendwo auch UtopistIn.

TL Ich glaube, man braucht dieses surreale Element, um den Schritt zurück in die Realität machen zu können. Dieser kleine Überrest der Utopie bleibt dann hängen, sodass sich etwas vorwärtsbewegen kann. Ich muss erst einmal sehr weit nach vorne schauen, um sicherzustellen, dass ich zumindest einen kleinen Schritt vorankommen kann. Wenn ich gar nicht in die Zukunft schaue, bleibe ich immer an derselben Stelle und es wird sich nichts ändern. Ich weiß nicht, warum wir gerade so große Angst vor dem Fortschritt haben. Man traut sich einfach nicht. Ich glaube, das, was wir entwerfen, beschreibt und materialisiert unseren inneren Zustand. Ich frage mich, was man in Zukunft von unseren Gebäuden ablesen wird.

who wants more and more wealth. My impression is that most failures are down to money. Money is a social construct that often gets in the way of creative processes.

TL Yes, colleagues of mine are currently working on a school and I am horrified how bleak it all is, how devoid of a sense of quality. Discussion centres on whether one should use this linoleum flooring or those cheap tiles. Everything is really at the lowest level. And for the simple reason that one wants to save money. But at the end of the day the role of architecture and design is surely to create quality of life. And added value.

## V. Beauty

LK I hope that we will also get back to this point. Considering everything that is happening around the world I think that we are currently experiencing a real low. But I have the feeling that, after such a low point, such an ebb, things will start flowing again. I hope that people will once again realise that we should look beyond the here and now and think about the future – that we have to consider coming generations and the traces, the buildings and the linoleum flooring that we will leave for them. And perhaps we can even do this with limited resources. When something is beautiful this does not automatically mean that it was expensive. Take the Karl-Marx-Hof for example: municipal housing of unbelievable beauty. And, despite this, it certainly wasn't particularly expensive.

TL Yes, because it is sustained by its functionality and its content.

LK And it is the idea behind it, a good idea, that makes it so beautiful.

## VI. Visions of the Future

TL After all, architects are also authors; they have to understand that everything they create makes history. Architectural offices must become much more aware of the fact that they have the opportunity to shape our future. Of course one cannot foretell what will happen. But I believe that, as an architect, I must have a certain vision and an idea of the future before I start designing. And if one doesn't have this vision one cannot put pen to paper.

LK For me, utopia and architecture belong together. Thinking about the surreal is part of our role. And I believe that the surreal would often even be theoretically realisable, it is just that only few people have the courage. Or it is never realised because it would be too expensive. This is where the question of money comes full circle. For me, every architect is also, in some way, a utopian.

TL I think that we require this surreal element so that we can get back to reality. This small trace of utopia then remains in order to ensure that something can move forwards. Only by looking far enough into the future can I be certain that I can take at least a small step forwards. If I don't look into the future at all then I will always stay in the same place and nothing will change. I don't know why we are so afraid of progress. We simply don't have the courage. I believe that our designs describe and materialise our inner state. I wonder what people will deduce from our buildings in the future.

LK That is a fascinating approach. In our DNA we don't only carry the genes of our forebears; RNA also records traumas, experiences and triggers. Perhaps a similar thing happens with buildings: Even if one creates something new these buildings are still weighed down with social and historical 'ballast'.

TL Yes, it's really terrible, architecture largely reflects our society, levels of depression are rising, and we construct

LK Das ist ein spannender Ansatz. Der Mensch trägt in unserer DNA nicht nur die Gene unserer Vorfahren mit; in der RNA werden auch Traumata, Erlebnisse und Trigger gespeichert. Vielleicht ist das bei Gebäuden ähnlich: Selbst wenn man Neues erschafft, tragen diese Bauten den gesellschaftlichen und historischen ‚Ballast' irgendwie mit.

TL Ja, es ist wirklich furchtbar, die Architektur spiegelt unsere Gesellschaft in hohem Maß wider, die Depression der Menschen steigt, und wir bauen diese kahlen Gebäude ... Einerseits ist das gefährlich, andererseits glaube ich, dass ArchitektInnen ihre Gefühlszustände noch viel stärker in Gebautes umsetzen müssten. Dann würden sie wirklich den gesellschaftlichen Zustand anschaulich machen. Ein Abbild des *status quo*.

LK Auch hier wieder Spuren zu setzen und zu hinterlassen.

TL Das ist allerdings eher eine Dystopie, wenn man vom *status quo* ausgehend in die Zukunft denkt. Aber Architektur könnte auch in eine positive Richtung weisen. Das Potenzial ist da. Im Gegensatz zur Kunst, die subjektiv ist und nicht gefallen muss, ist Architektur unausweichlich präsent und man muss damit umgehen. Man setzt Menschen vor diese Gegebenheit. Deswegen *hätte* sie das Potenzial, bei den BewohnerInnen einer Stadt ein Bewusstsein zu schaffen. Sie sollte diese Funktion übernehmen. Die Architektur ist da und sie schafft Räume, auch Denkräume; sie ist da, um Menschen zueinanderzubringen, zu vereinen und Anstöße zu geben. Das ist ihr Mehrwert.

LK Gestaltung ganz allgemein ist Kommunikation. Alles – Kunst, Architektur, Design, Musik etc. Sogar das, was wir anziehen, kommuniziert, wie wir wahrgenommen werden möchten. Alles hat eine Form und einen Nutzen und die Form kommuniziert etwas. Bei Häusern ist das nicht anders als bei Kunstobjekten oder Kleidung.

TL Deswegen finde ich es so spannend, verschiedene Kunstrichtungen mit der Architektur zu verbinden. Das Potenzial der Architektur besteht eben darin, im Gebauten Ideen zu materialisieren, Ungeschriebenes oder Ungesehenes sichtbar zu machen und damit eben auch Denkprozesse zu generieren. Das ist das Schöne an der Architektur – und das sollte man nutzen. Ich habe kein klares Bild für eine positive Zukunft vor Augen, aber ich stelle mir eine heterogene Struktur vor, eine Art Gewebe aus unterschiedlichen Strängen. Stränge für Gesellschaft, für Architektur, für Natur und so weiter. Durch das Verweben dieser Stränge entsteht ein Netzwerk. Mal wird fest verwoben, mal lässt man etwas Luft – so entsteht Freiraum und Platz für künftige Veränderungen. Ein verwachsenes Gebilde, bezogen auf nachkommende Generationen, keine parallel verlaufenden Schienen, sondern einander überschneidende, also Kreuzungen, Knoten. In Bezug auf unsere Architektur und den Umgang mit unserem Lebensraum Erde sollten wir uns im Sinne der Nachhaltigkeit öfter den Begriff ‚spurlos' ins Bewusstsein rufen. Weg von der Konsumgesellschaft hin zum Wiederverwenden, Anpassen, Umbauen, Adaptieren ...

## VII. Spurlos

LK Recycling, Begrünung, Selbsterhaltung; Radwege, Begegnungszonen, BewohnerInnen zur Bewegung einladen, trotzdem gut vernetzt sein. Das ist mein Wunsch für die Architektur der Zukunft: Orte, Lebensräume, Häuser und Wohnungen nachhaltig zu gestalten und Nachhaltigkeit und Gewissenhaftigkeit zur Norm zu erheben.

Insofern sollte man auch keine Angst haben, mal aus der Spur zu fahren – oder neben der Spur – und neue Spuren zu machen. Ich stelle mir unsere Gesellschaft vor wie eine Autobahn, die schon Spurrinnen hat. Und die Autos fahren nur noch diese eine Strecke entlang, wie auf Gleisen. Dabei hätten sie jederzeit die Möglichkeit abzubiegen. Vielleicht ist es das, was gerade

these bleak buildings ... On the one hand this is dangerous and, on the other, I believe that architects have to pour even more energy into realising buildings that embody their feelings. Then they would truly illustrate the state of society. A reflection of the *status quo*.

LK Another way of laying and leaving behind traces.

TL Although, if one starts with the *status quo* and looks to the future this seems more like a dystopia. But architecture can also indicate a positive direction. It has the potential. In contrast with art, which is subjective and doesn't have to please, architecture is unavoidably present and one has to deal with it. It is a reality with which people are confronted. This is why *it would have* the potential to create awareness amongst the inhabitants of a city. It should assume this function. Architecture is there and it creates spaces, including mental spaces; it is there to bring people together, to unite and provide impetus. That is its added value.

LK Design is, very broadly, communication. Everything – art, architecture, design, music etc., even the clothes that we wear, communicate how we would like to be perceived. Everything has a form and a use and this form communicates something. This is no different in the case of buildings as it is in the case of *objets d'art* or clothing.

TL This is why I find it so fascinating to combine different artistic directions with architecture. The potential of architecture is precisely its ability to materialise ideas in the form of buildings, to visualise the unwritten or the unseen and, hence, to trigger thought processes. That is the beauty of architecture – and we should make use of it. I have no clear image of a positive future, but I can imagine a heterogeneous structure, a sort of fabric woven from different threads. Threads representing society, architecture, nature, etc. By weaving these threads together a network is created. Sometimes the network is dense, sometimes a little room is left – creating both free space and the opportunity for future changes. A dense structure oriented towards future generations, elements that don't run in parallel but overlap, creating intersections, hubs. As regards our architecture and how we deal with our environment we should, in the spirit of sustainability, draw attention more often to the notion of acting 'without a trace'. Of rejecting consumer society in favour of reusing, remodelling, adapting, adjusting ...

## VII. Without a Trace

LK Recycling, revegetation, self-sufficiency; cycle paths, zones shared by cars and pedestrians that encourage citizens to get moving while remaining well connected. That is my wish for the architecture of the future: to design sustainable places, habitats, buildings and homes and to establish sustainability and diligence as the norm.

Which means that one also shouldn't be afraid of stepping out of the old traces – or of travelling alongside them – and leaving new ones. I envisage our society as a motorway upon whose surface many cars have already left their traces. And today's cars still continue to follow this single path as if they are on rails. Although they could have branched off at any point. Perhaps it is this that is happening right now and to which we should pay more attention: this attempt, at least, to head somewhere else for once without following any traces.

TL I like the fact that you think of traces in terms of neither scratches nor remains but as paths. For it is only when you leave a path behind that you can find new – and perhaps more sustainable – ones.

passiert und worauf man wieder mehr achten sollte: Zumindest zu versuchen, mal anderswo zu fahren, ohne Spur.

TL Ich finde es schön, dass du Spuren nicht als Kratzer oder Rückstände siehst, sondern als Wegeleitung. Erst wenn man vom Weg abkommt, kann man neue – und vielleicht nachhaltigere – Wege finden.

## Biografien

*Sebastian Hackenschmidt* ist seit 2005 Kustos für Möbel und Holzarbeiten am MAK – Österreichisches Museum für angewandte Kunst / Gegenwartskunst in Wien, wo er seither zahlreiche Ausstellungen kuratiert hat. Seine Forschungsschwerpunkte liegen im Bereich der Geschichte von Möbeln und (Innen-)Architektur sowie der Materialverwendung in der Kunst des 20. und 21. Jahrhunderts.

*Otto Kapfinger* ist freiberuflicher Architekturwissenschaftler und Publizist. Er studierte u. a. bei Karl Schwanzer Architektur an der TH Wien und war 1973 Mitgestalter von dessen Publikation *Architektur aus Leidenschaft*. Er kuratierte einschlägige Ausstellungen und verfasste zahlreiche Texte und Bücher über österreichische Architektur, Kunst und Fotografie des 20. Jahrhunderts und der Gegenwart. 2014 erschien *Architektur im Sprachraum. Essays, Reden, Kritiken zum Planen und Bauen in Österreich*.

*Laura Karasinski* studierte Grafik und Werbung an der Universität für angewandte Kunst in Wien. Als Art Directrice, Designerin, Gründerin und Eigentümerin des Atelier Karasinski gestaltet sie alles – von Lokalen über Magazine bis zu Markenkonzepten. Zu ihren Kunden zählen u. a. Yves Saint Laurent, Campari oder Warner Music Entertainment. Das Wirtschaftsmagazin *Forbes* nannte sie als eine der 30 einflussreichsten österreichischen UnternehmerInnen unter 30 Jahren, 2015 erhielt sie den Wiener Woman of the Year Award.

*Therese Leick* studierte Architektur an der TU Wien. Als Gründungsmitglied der Gruppe TAB befasst sie sich mit Fragen an der Schnittstelle zwischen Architektur, Kunst und gesellschaftsrelevanten Themen, im akademischen Bereich leitet sie Seminare und Workshops zu verschiedenen Aspekten der Architektur. Neben dem architektonischen Entwurf bedient

## Biographies

*Sebastian Hackenschmidt* is Curator of the Furniture and Woodwork Collection at the MAK – the Austrian Museum of Applied Arts / Contemporary Art in Vienna, where he has curated numerous exhibitions since his appointment in 2005. The focuses of his research are the history of furniture and (interior) architecture and the use of materials in 20th and 21st century art.

*Otto Kapfinger* is a freelance architectural scholar and journalist. He studied architecture at Vienna College of Technology under Karl Schwanzer (i. a.) and in 1973 he contributed to the creation of Schwanzer's publication *Architektur aus Leidenschaft*. He has curated relevant exhibitions and written numerous texts and books about the Austrian architecture, art and photography of the 20th and 21st centuries. His book *Architektur im Sprachraum. Essays, Reden, Kritiken zum Planen und Bauen in Österreich* appeared in 2014.

*Laura Karasinski* studied graphics and advertising at the University of Applied Arts in Vienna. As an art directrice and designer and the founder and owner of Atelier Karasinski she designs everything – from bars and restaurants via magazines to brand concepts. Her clients include Yves Saint Laurent, Campari and Warner Music Entertainment. The business magazine *Forbes* presented her with a Forbes 30 under 30 award, naming her as one of Austria's 30 most influential business leaders below the age of 30, and she received the Vienna Woman of the Year Award in 2015.

*Therese Leick* studied architecture at Vienna University of Technology. As a founding member of the group TAB she addresses questions that lie at the interface between architecture, art and socially-relevant subjects and, in the academic field, she runs seminars and workshops on various aspects of

sie sich Comics, Grafiken und Texten als Ausdrucksmitteln. Ihre Arbeiten wurden bereits national und international honoriert.

*Michaela Lindinger* studierte Publizistik- und Kommunikationswissenschaft, Politikwissenschaft, Ägyptologie sowie Ur- und Frühgeschichte an der Universität Wien. Seit 1995 war sie kuratorische Assistentin am Wien Museum, seit 2004 konzipiert sie dort als Kuratorin Ausstellungen und Publikationen zu biografischen und gesellschaftlichen Themen, zur Frauen- und Gendergeschichte, zur Stadtgeschichte Wiens, zu Porträts und Mode sowie zu Tod und Memoria.

*Ulrike Matzer* ist freiberuflich als Fotohistorikerin, Autorin, Kuratorin, Kunst- und Literaturkritikerin tätig, ihre Dissertation befasst sich mit frühen Wiener Berufsfotografinnen. Sie war an mehreren Forschungsprojekten zur Geschichte der Fotografie in Österreich beteiligt und ist (Mit-)Herausgeberin einschlägiger Publikationen.

*Sophie Menasse* studierte Philosophie und Politikwissenschaft in Leuven (Belgien) und Istanbul (Türkei), arbeitet als freischaffende Journalistin u. a. bei *Ö1* und bei der deutschsprachigen Sendung des tschechischen Rundfunks *Radio Prag*.

*Stefan Oláh* assistierte bei Leo Kandl und studierte Fotografie an der Staatlichen Fachakademie in München. Neben seiner künstlerischen Arbeit und Publikations- sowie Ausstellungstätigkeit konzipiert und fotografiert er Bildserien für verschiedenste Auftraggeber aus Wissenschaft und Kunst. Er lehrte von 1995 bis 2017 als Senior Artist an der Universität für angewandte Kunst Wien und ist Sprecher der IG-Architekturfotografie.

architecture. Besides her architectural designs she employs comics, graphics and texts as means of expression. Her work has already been honoured on both the national and international scale.

*Michaela Lindinger* studied journalism and communications studies, political science, Egyptology and prehistory and early history at the University of Vienna. In 1995 she became a curatorial assistant at Wien Museum, where she has been a curator since 2004, devising exhibitions and publications on biographic and social subjects, women's and gender history, the urban history of Vienna, portraits and fashion and death and memory.

*Ulrike Matzer* is active as a freelance photographic historian, author, curator and art and literary critic and her dissertation addresses Vienna's early professional women photographers. She has participated in a number of research projects on the history of photography in Austria and is the (co-)editor of several publications in this field.

*Sophie Menasse* studied philosophy and political science in Leuven (Belgium) and Istanbul (Turkey) and works as a freelance journalist for a number of broadcasters including *Ö1* and *Radio Prag*, the German-speaking programme of the Czech state broadcaster.

*Stefan Oláh* worked as an assistant with Leo Kandl and studied photography at the State Academy for Photographic Design in Munich. In addition to his artistic work and publication and exhibition activities he conceives and photographs photographic series for a wide range of clients in the fields of science and the arts. He taught between 1995 and 2017 as a Senior Artist at the University of Applied Arts Vienna and is a spokesperson for IG-Architekturfotografie.

## Bildnachweis

Die Bildvorlagen der Textillustrationen stammen aus folgenden Sammlungen: Architekturzentrum Wien, Sammlung (Abb. A, Inv. Nr. N01_127_001_F_02); Bildarchiv der Österreichischen Nationalbibliothek (Abb. B, D, Inv. Nr. CHM 705, CHM 735); Archiv Karl Schwanzer, Wien (Abb. C, E–S); Archiv Stefan Olàh, Wien (Abb. T)

Der gesamte Nachlass Karl Schwanzers wurde im Frühjahr 2018 an das Wien Museum übergeben, das fortan die wissenschaftliche Aufarbeitung und Betreuung des Archivs übernimmt: https://www.wienmuseum.at/de/sammlungen/kunst/architektur/karl-schwanzer-archiv

## Dank

Das Buchprojekt wäre ohne großzügige finanzielle Unterstützung von privater und öffentlicher Seite nicht zu verwirklichen gewesen. Unser besonderer Dank gilt Martin Schwanzer, der die Arbeit Stefan Oláhs und die Produktion dieses Bandes in großzügiger Weise gefördert hat. Danken möchten wir auch dem Bundeskanzleramt für die Beteiligung an der Finanzierung.

Folgenden Personen sei für ihre vielfältige Unterstützung herzlichst gedankt: Bettina Bauer-Hammerschmidt, Christian Brachvogel, Andreas Braun, Nike Eisenhart, Monika Faber, Hans Peter Falkner, Marianne Feldmann, Angelika Fitz, Christoph Gorka, Martina Griesser-Stermscheg, Peter Grubits, Sebastian Hackenschmidt, Gerhard Haidinger, Lilli Hollein, Robert Huebser, Birgit Hutter, Torsten Julich, Nicolaus Keller, Roman Keller, Yvonne Keller, Gabriela Krist, Gabriele Lenz, Christian Linder, Arthur Oláh, Lisa Oláh, Thomas Oláh, Mirko Pogoreutz, Christoph Schleßmann, Margarethe Szeless, Isabella Tomas, Krzysztof Wolczak.

## Picture Credits

The original illustrations reproduced in the texts come from the following collections: Architekturzentrum Wien, collection (Fig. A, Inv. Nr. N01_127_001_F_02); Picture Archive of the Austrian National Library (Figs. B, D, Inv. Nr. CHM 705, CHM 735); Karl Schwanzer Archive, Vienna (Figs. E–S); Archive of Stefan Olàh, Vienna (Fig. T)

In spring 2018 Karl Schwanzer's entire architectural legacy was handed over to the Wien Museum, which is now responsible for the academic processing and support of the archive: https://www.wienmuseum.at/en/collections/arts/architecture/karl-schwanzer-archive

## Acknowledgements

It would not have been possible to realise this book project without generous financial assistance from both private and public sources. We are especially grateful to Martin Schwanzer, who generously supported the work of Stefan Oláh and the production of this volume. We would also like to thank the Federal Chancellery for its financial contribution.

Our deepest gratitude is also due to the following individuals for helping us in so many ways: Bettina Bauer-Hammerschmidt, Christian Brachvogel, Andreas Braun, Nike Eisenhart, Monika Faber, Hans Peter Falkner, Marianne Feldmann, Angelika Fitz, Christoph Gorka, Martina Griesser-Stermscheg, Peter Grubits, Sebastian Hackenschmidt, Gerhard Haidinger, Lilli Hollein, Robert Huebser, Birgit Hutter, Torsten Julich, Nicolaus Keller, Roman Keller, Yvonne Keller, Gabriela Krist, Gabriele Lenz, Christian Linder, Arthur Oláh, Lisa Oláh, Thomas Oláh, Mirko Pogoreutz, Christoph Schleßmann, Margarethe Szeless, Isabella Tomas, Krzysztof Wolczak.

Edited by
Ulrike Matzer, Stefan Oláh

Idea and concept
Stefan Oláh, Mirko Pogoreutz, Martin Schwanzer

Editorial supervision
Ulrike Matzer

Texts
Sebastian Hackenschmidt, Ulrike Matzer

Moderation of the conversations
Sophie Menasse

Participation in the conversations
Otto Kapfinger, Laura Karasinski, Therese Leick, Michaela Lindinger

Technical description of the photographed objects
Mirko Pogoreutz

Photography
Stefan Oláh, Vienna

Photographic assistant
Nike Eisenhart

Graphic design
Willi Schmid, Vienna

Project and Production Editor
Angelika Heller, Birkhäuser Verlag, Vienna

Translation
Rupert Hebblethwaite, Vienna

Proofreading German
Philipp Rissel, Vienna

Lithography
Roman Keller, malkasten, Vienna

Printing and binding
Holzhausen Druck GmbH, Wolkersdorf

Font
Unica77

Cover material
Silktouch Nuba, 160 g

Endpapers
Surbalin glatt, 115 g

Paper
G-Print, 170 g

Library of Congress Control Number: 2018955611

Bibliographic information published by the German National Library
The German National Library lists this publication in the Deutsche Nationalbibliografie; detailed bibliographic data are available on the Internet at http://dnb.dnb.de.



ISBN 978-3-0356-1839-6
e-ISBN (PDF) 978-3-0356-1883-9


P.O. Box 44, 4009 Basel, Switzerland
Part of Walter de Gruyter GmbH, Berlin/Boston

9 8 7 6 5 4 3 2 1 www.birkhauser.com

With kind support from

BUNDESKANZLERAMT ÖSTERREICH [malkasten] Bundesministerium Europa, Integration und Äußeres